SHO **P** PING

A TING

R ELAXING

T RAVELING

Y ES!

土耳其
是一種癮

周錦瑟——文·攝影

推薦序
錦瑟的橄欖樹
蔡文琪

　　千禧年時我帶小女返台過年，一位任職於出版社的朋友跟我說，除了你以外還有一個人也寫土耳其，她叫周錦瑟，已經出書了，於是經由她的介紹我們兩個就這樣認識了。錦瑟很熱情地邀我去她家玩，我欣然地帶著念幼稚園的女兒赴約。一進門就看到錦瑟家中有許多來自土耳其的擺設，耳中傳來的是土耳其最廣為人知的民歌手 Barış Manço 的歌聲，接著她端出了自己做的香濃可口的無糖原味優格！錦瑟興高采烈跟我女兒用土語交談，女兒也樂得把杭州當汴州，唧唧喳喳的回應著。那一晚我這個嫁給土耳其人的女人和嫁給土耳其的錦瑟聊得非常高興，仿如置身奇妙的土耳其之夜，至今還未忘懷。

　　再見錦瑟是 15 年之後在土耳其的玻魯（Bolu），她熱情依舊，像在地老鳥般地帶著我及先生逛大街，吃菠菜煎餅，喝土耳其咖啡配有名的含著咖啡豆的巧克力，悠哉地度過了美好的一天。

　　其實 15 年來，錦瑟並沒有閒著，她通常不在土耳其就在去土耳其的路上，她四處雲遊，深入探索古蹟和美景，結交了無數土耳其的友人，還又出版了兩本有關土耳其的書：《美麗秘境土耳其》和《我不在家，就在土耳其》，她把難得的經歷都詳實而生動地記錄在其中。而現在這本《土耳其是一種癮》更是完全不藏私，不但將壓箱底的景點一一呈現，讓我們可臥遊一般很難安排的去處，更可藉以了解土耳其的歷史文化和風土人情；此外她還將在土耳其生活的點點滴滴，以溫馨的小故事和我們分享，相對

照於彼得.梅爾的《山居歲月》，可以說這是錦瑟在愛琴海邊的日子。我細細閱讀之後，不得不說這是一本有溫度、有知識和有觀點的好書！

　　錦瑟曾經跟我說她的偶像是三毛，她跟廣大的讀者一樣，隨著三毛的文字從西班牙到撒哈拉，再到中南美，在那旅遊不發達的年代，三毛的浪遊人生確實彌補了許多人，尤其是許多女人的缺憾。而受到啟發的錦瑟憑著不凡的行動力和膽識，從跟團玩到自助旅行，到遊學，到買地購屋，到台灣發生食安危機，毅然決然進口土耳其的橄欖油，後又加碼橄欖油皂和醃漬橄欖，可以說經歷了也開創了一連串的過程和局面，而踏出去的每一步都是錦瑟，一個台灣女人自己的決定。

　　一晃眼來去土耳其已超過 20 年的錦瑟，不但能說土語，已經算是半個土耳其人了。相信她會一直癡情於那片湛藍天空下的一切，應該就是命定的緣分，而這緣分讓她找到了夢中的橄欖樹，也找到了另一個溫暖的家。現在她敞開了大門，邀請大家一起進入她美麗的世界。

※ 蔡文琪。土耳其國立中東科技大學社科院亞洲研究所兼任講師。《土耳其．古文明之路》作者。其他作品分別被收入《歐洲華文作家文選》及《翔鷺──歐洲暨紐澳華文女作家文集》。

土耳其上癮二十年

　　很多人都問我為什麼這麼多年來獨獨鍾情於土耳其，而不去探訪其他國家？我想也許是來自上輩子的緣分吧！這個國家的人、事、物總是能夠不斷地滿足我的好奇心、求知慾，而庶民的旅遊方式和美食更順應了我隨遇而安的本性！所以我在這裡的日子，就像在家一樣自在，甚至於讓我更加愉悅。

　　2015 年是我在土耳其居遊滿 20 年，我常問自己的餘生還會有另一個 20 年嗎？我很慶幸，自己能有機會把土耳其視為第二個祖國，也很珍惜這塊土地所賜給我的一切。但唯一不能如願的遺憾是即使我窮其一生，都探訪不完這地大物博的國家。

　　回首 1994 年第一次造訪土耳其時，就被她深深吸引，隔年旋即辭掉工作，再度回到土耳其的愛琴海西岸。1996 年開始當背包客悠遊於愛琴海和附近的希臘小島，1997 年在伊斯坦堡的博斯普魯斯大學完成了 8 個星期的土文密集班，1998 年繼續在安卡拉上了 1 個月的土文課程，千禧年出版了第一本書《狂吻土耳其》，之後又再接再厲寫了《美麗秘境土耳其》和《我不在家就在土耳其》兩本書。

　　會寫書是想把「真正」的土耳其介紹給國人，比如類似番紅花城的老宅第，在土國幾乎各省都有並且受到官方保護；卡帕多奇亞的奇岩景色，在中部的三個省也頗具規模；愛琴海的天空很藍，並不是只有希臘獨有；溫泉度假中心其實源自於古代且分佈密集；美味的「橄欖油」並非只有西

班牙或義大利專美……現今的土耳其也就是古代的安納托利亞，是個歷史悠久和多元文明的古國，加上三面分別鄰黑海、愛琴海和地中海，物產豐饒，景觀特殊，是個道道地地集「所有」的天堂。

目前這本書，除了記錄我的鄉居生活、我和土國朋友的點滴，最重要的是介紹給台灣讀者一些比較沒人造訪，但卻是很精彩的地方。此外為了推廣健康的地中海飲食，我不但自己進口優質的土耳其橄欖油和大家分享，也學了一手道地的土耳其料理，這些簡易的食譜我都統一收錄在書末，希望大家在臥遊土耳其之外，還能品嘗到土耳其的美味。

每次下筆前我照例都會多次回去土耳其探索，因此總是疏於照顧年邁的雙親，幸好有弟弟和弟媳犧牲假期留守，讓我得以安心地出走。至於本業的「天福行」磁磚有限公司，多蒙昌達陶瓷股份有限公司的王峰銘董事長大力支持，讓一切運作順暢；當然公司的同仁們在我不當家時，個個都一起努力打拼，善盡職守度過巨大危機，也令我相當感恩。最後要謝謝好友平瑩也是我的第一個讀者，多年來聆聽分享我旅行的種種，並耐心的不斷催稿，讓這本書終於誕生了。

最後，我希望有機會讀到這本書的人，都能因而愛上土耳其！

10 欸帝額内 Edirne

02 馬爾馬拉島 Marmara Adası

伊斯坦堡 İstanbul

14 卡得擴以 Kadıköy

11 玻魯 Bolu

12 姆杜額努 Mudurnu

03 欸額德克 Erdek

06 奧特歐陸克 Altınoluk

13 苟以努克 Göynük

04 邦德馬 Bandırma

01 巴勒克西額 Balıkesir

安卡拉 Ankara

05 欸得雷密特 Edremit

07 沽瑞 Güre

08 卜哈尼耶 Burhaniye

09 艾瓦勒克 Ayvalık

土耳其地圖

I 土耳其居遊生活

II 土耳其旅行札記

I

土耳其
居遊生活

鄉居生活

<hr />

　　我的家實際上是位於愛琴海一個海灣邊的「夏屋」，鄰居們大都是來自都市但厭倦都市的退休人士，他們一心想要追求自然寧靜的鄉居生活，因此才來到海邊或山上購屋久居。

四季之樂

　　愛琴海西南地區冬天基本上不會下雪，僅除了一回曾在 2012 年 2 月遭逢全歐洲的大風雪。不過雖然沒冷到下雪，日夜溫差會超過 10 度，所以大家都喜用傳統的火爐生火取暖，當地人視之理所當然，我卻覺得頗有懷舊的氣氛。火爐是圓筒形狀的蒐巴（soba）和四方形狀的庫日內（kuzine），都是用一個活動的可以提的圓筒裝柴火，燃料用木炭或木材，由於材質都是用鐵製的，導熱很快，所以蓋子的上面可以保溫。庫日內像一張桌子體積較大較矮，分成兩邊，一邊放柴火，一邊是烤箱，舉凡煮生牛奶、取奶油凱馬克

庫日內

（kaymak）、燉骨飛趣（güveç：瓦鍋裝蔬菜和肉）、煲湯、熱菜、燒熱水……等等都是利用這個導熱很快的鐵製桌面，我拖地也都是用熱水，快乾又清潔；烤箱是用來烤魚、烤肉、烤波瑞克（börek）麵餅……等。城裡的朋友來訪時，晚餐後我們就悠哉地坐在火爐邊，烤著新鮮美味的栗子配上美酒話家常，朋友羨慕得有感而發說：「人生最幸福也不過就是如此！這才是最奢侈的生活吧！」

最乾淨的社區海灘

　　春天裡遍地開滿各種顏色的野花任君採擷、取之不盡，上山摘野菜和青草茶，花園要翻土、除草、修枝和施肥。

　　6 月是桑葚的產季，我每天拿著盤子到社區內那棵唯一的大白桑葚樹採果。夏天的愛琴海有 4 到 5 個月可以游泳，比較勤勞的時候我早晚各游一次，因為早晚的陽光較弱不會曬傷，傍晚游完後順便向返回的漁船購買鮮魚。我最喜歡晨泳，人少水又乾淨，海面平靜得有如鏡子，魚兒躍出水面戲耍，有時在水面下輕咬我們的腳，就像康嘎爾（Kangal）的溫泉魚一般。我常會遇到同好一起游到海中央，輕輕鬆鬆地直立漂浮著並圍成個小圈圈，然後大家輪番親切地打招呼、聊是非八卦，遠看就像一堆公仔浮在水中似地，如此的社交形式不但是海中奇景可也是土耳其僅有。

　　有時鄰居們會輪流作東請喝茶或咖啡配點心，有時一起吃飯或四人一桌打類似麻將的「ok」牌。我最喜歡去吳畢家混，他家陽台前是隔著鐵絲

網的大片空地，越過空地就是海邊，空地上有松樹和橄欖樹，日日夜夜穿梭著牛、羊、驢子、雞、野兔、狐狸、野豬、貓頭鷹等動物，活像個小型的野生動物園。有一次一隻驢子對著我們扮鬼臉，我們又驚訝又歡喜地叫牠再做一次，牠好像聽得懂似地再度扮鬼臉讓我拍照，還特別地轉過身來讓我取側身角度，從此我都會和牠打招呼摸摸頭，吳畢說這是十多年來第一次見到的奇景。

　　夏天也是蔬果盛產季，既便宜又美味，大家都會做醃辣椒、番茄糊、辣椒粉……等等，我是喜歡做果醬，自製果醬衛生不易腐壞，所有的水果中以杏桃、酸櫻桃（vişne）和柑橘（turunç，又稱塞維利橘 Seville orange）最得我心。

　　秋天是橄欖收成的季節，大家會採收橄欖送至工廠榨油和醃製。有學齡小孩的人家入秋時會紛紛返家準備開學，這時才是我們鄉居生活的開始。冬天的早晨我、哈緹婕和凱末爾是晨運三人組，除了運動我們還會上山撿松果和撿材，松果是最佳的助燃物，環保又健康，後來我發現夏天才是最好撿松果的時候，又大又乾燥。至於木頭最好的是野生的匹納（pinar），在土國隨便砍柴是禁止的，大夥上山撿材時會施捨一根最小的給我，因為我扛不動，後來我和哈緹婕犯了五十肩的毛病後，我再也沒參加撿柴活動，轉向鄰居購買橄欖樹的修枝。

上：難得扮鬼臉的驢子　中：晨泳　下：自製的酸櫻桃果醬和果汁

015

動物與我的恩怨情仇

　　哈緹婕在社區外的橄欖樹下養雞和鴨，她總是問我如果需要，她可以幫我宰殺處理，但我每天看著雞群自由自在快樂地優遊於山上，怎麼也狠不下心開不了口。那雞群裡有一隻特別兇悍的好戰公雞，每次看到牠我都趕緊避開，有一天傍晚我拿著一盆食物要給狗狗艾飛，突然小腿一陣劇痛，回頭一看竟然在噴血，我還沒搞清狀況時，又是一陣劇痛，原來是那隻公雞從後面偷襲我！牠的雞喙尖銳又帶勾，啄一下血就不斷地從米粒大的傷口流出來，一直到半夜才停止。晚餐時哈緹婕拿了一碗雞肉飯給我說：「我把那隻惡雞宰了，這是牠的肉！」天哪！惡雞的臉頓時浮現，我怎麼吃得下去？我只好背著哈緹婕全給了艾飛。

化腐朽為神奇的 DIY 雞舍

左：蜂巢　右：自製麵餅、自製果醬、自製奶油

　　土國養蜂業很發達，新鮮的麵包和麵餅配蜂巢和奶油最是美味，當我發現屋簷下有蜂巢時還頗興奮的，直到 2015 年夏天，剛回家才一開紗門就被蜜蜂攻擊，劇痛的臉上馬上腫起兩個大包包，嚇得趕緊向哈緹婕求救，哈緹婕仔細檢查出共有 5 個蜂巢，不過每個都是空包彈還頗令人失望，顯然是不產蜜的一種黃蜂。吳畢說蜜蜂喜歡木頭，加上我的花園內水果豐收，自然最受牠們的歡迎。

　　鄉下的狗兒沒有豐富的食物，我將菜湯拌飯沾麵包餵牠們，有時故意多燒些菜飯分給狗兒，不知是我的廚藝好還是牠們太餓，每次都吃得精光，食盆像洗過一般乾淨，所以我家是完全沒有廚餘。菜葉、果皮、蛋殼就往後花園丟作肥料，西瓜、香瓜皮和硬掉的麵包是雞鴨的最愛，紙類在冬天時可用來燒火，因此我的垃圾非常少。

　　鄉下人愛養狗但是又不肯花錢幫狗結紮，每次回去都聽到一窩的小狗出生，他們留下公的將母狗丟棄，任其自生自滅，被丟棄的母狗在外面再繼續繁殖，近年來已形成問題，我向鄰居呼籲請他先將艾飛的女友龐匹煦

和牠的小犬結紮，費用由我負擔，也因此我決定將這本書的版稅作為這些貓狗的基金。

每次回家一定會向村民購買生乳，煮的時候上面會有一層像腐皮，撈起後會繼續再出現一層，那就是最美味的奶油凱馬克，這種牛奶像 40 年前玻璃瓶裝的鮮奶，上面有一層奶油。另外也要大啖土雞蛋。

鄉下的自然環境中，除了偶爾經過的車子聲，就是蟲鳴鳥聲、牛羊雞叫，但是我最怕聽到那隻驢子突發的叫聲，像是被毒打得很悽慘似地，有時候又像氣喘發作的德行，嚇得人心都會揪一下，我曾如法炮製學驢子叫惡作劇騙人，害得哈緹婕急著幫我找氣喘藥。

晚上時，我喜歡倚在窗邊看著碩大的月亮從山際緩緩地上升，銀色的月光隨著海上的粼粼波光舞動，簡直就是一幅無與倫比的畫作。我常在知了聲的陪伴中朦朦朧朧睡去，夢裡恍如置身童話叢林的深處，而早晨喚醒我的是一股股清新的空氣。這麼多年來我很陶醉於這樣遠離塵囂的生活，古代著名的歷史學家黑若都特斯（Herodotus）曾說過的：「愛琴海地區的愛奧尼亞城邦，有世界上最美麗的天空和最好的氣候。」我很幸運能夠窩居在這裡，尤其是對於一個還在為事業努力打拼的我，這裡真是喘口氣的好地方，也給了我最奢侈的享受。

土國買地購屋記

第一次造訪土耳其行經郊外時，常常看見類似社區的一大片房子，心裡總納悶著：為什麼會有人要住在如此偏僻的地方！後來才了解原來這些社區叫作私特（site），是土耳其人度假的房子，稱為「夏屋」（Yazlık），這些社區有的建在山上，有的在海邊。

十多年前伊斯坦堡的朋友海瑞廷常常向我遊說：「阿瑟，在這裡買間房子做鄰居吧！」那時對我來說，在異國買屋可真是件遙不可及的事，想都不敢想呢！2003年我有對夫妻朋友因緣際會從北部的伊斯坦堡大樓住家搬到位於南部一千公尺高、一個盛產葡萄和蘋果的村莊，從此終日與山林為伍。自他們家門口向下遠眺，視野就像從陽明山俯瞰台北般遼闊迷

地中海山上的地

人，加上高處景象變化多端，朋友說在此居住可從沒厭倦過。當時和他們一塊兒擠在吉普車上過來的還有在城市生活了 10 年的貓咪密斯慶（Miskin），以及在路邊撿來的斷腿烏鴉。密斯慶每天都會蹲坐在陽台上，靜靜地看著夕陽美景，牠似乎已經跟主人一樣，完全陶醉在閒雲野鶴的日子中了。

　　之後我連續幾次在他們家作客，不知不覺地也愛上了這裡，於是決定在他們家的旁邊買下一塊地，並興奮地和伊斯坦堡的建築師朋友研究如何蓋棟自己喜歡的屋子，但是接著多次停留都發病發到苦不堪言，原來高山寒冷多變的氣候其實並不適合有氣喘宿疾的我，所以只好忍痛放棄蓋屋的夢想，而那塊地也就這樣被擱置至今。

念念不忘，必有迴響

　　2005 年，在黑海碰見從西部愛琴海回鄉探親的朋友穆斯他法，他得意地炫耀著如何發現了一個好地方，並且在那裡買了間房子，且力邀我也一起購屋作鄰居，說著說著還馬上拿起電話聯絡，積極的程度好像仲介搠客似地，可是講了半天，鄰居屋主就是怎麼都不肯出售。隔年當我回迪定時，穆斯他法又邀我去看屋，車子從迪定往密拉斯（Milas）方向開，在薦鄧（Aydın）和穆拉（Muğla）兩省的交界處望過去，蔚藍的天空下是山林環抱的海灣，遠處臨海的很多白點就是他推薦的社區，這優美的地理環境，活像一幅畫般立刻深深吸引住我，接著，我們穿過位在山腰的 K 村，越過茂密的橄欖樹林和松樹林，終於來到這濱海的社區。社區內共有 38 棟沿著斜坡建築的房子，每棟都是雙拼面海。從有些屋主買下後一直擱置沒

有整理的房子看來，原始的房子就只是水泥和磚塊砌成的粗胚而已，有的木製窗戶和大門不是破舊就是失蹤。穆斯他法的房子則是他僱人加自己DIY 大大整頓過，樓梯鋪上大理石、牆面粉刷得漂漂亮亮，還有防盜的鐵窗、素雅的窗簾，以及廚具和沙發都有了，當然看起來就是一個完整的家。但我再滿意也沒用，隔壁的有錢人鄰居還是不肯出售他的房子，而我又不喜歡後排房子的格局，於是買屋夢又碎了。直到有一天穆斯他法突然說，這裡的氣候最適合我的氣喘，那他的房子賣給我好了，因為他了解人生地不熟的我整理粗胚屋的困難，我當下一口答應，3 天後就請銀行幫我從台灣匯款到他的帳戶，我以為從此再也不必羨慕妒忌別人了。誰知，一連串的噩夢才剛開始……

夢幻夏屋的現實面

6 個月後我興高采烈地回來正式入厝居住，陸續添購了床、櫃、餐桌椅、冰箱和電視衛星接收器等大型器具，待一切安頓底定後，沒想到問題卻慢慢地一個一個的浮現。首先是廚房水龍頭漏水，我立馬請穆斯他法來修理，他居然說這裡是用地下水，不必花錢的啦！就讓它流吧！但我一直強力堅持要注重環保和力守「漏水就是漏財」的風水理論，他才勉為其難地幫我修理好。

某天我奮力地清掃全家，晚上累得倒頭就睡，誰知到了半夜竟被一群飢餓的蚊子大肆攻擊，我沒有捕蚊燈也沒有蚊香，只能張著紅眼撐到天亮。隔日一大早，趕緊向社區管理員夫妻求助，他們先來幫我的臥房釘上一扇紗窗，之後叮囑我入城時，一定要記得買紗網和細木條，好再幫我釘其他的窗戶。等我添齊材料後，邊看他們釘邊學，結果我也能夠自己釘紗

窗了。後來台灣的朋友來訪時幫忙完成其他部分，似乎有台、土較勁的感覺。

　　有一晚半夜醒來，迷迷糊糊將門一推，沒想到竟然將自己反鎖在房間內，一直等到天亮打電話向住在城裡的穆斯他法求救（這時最能感受手機的重要），他馬上打電話給管理員，管理員夫妻倆即刻拿著木梯趕來，從鐵窗外將社區內別家寄放的鑰匙、起子、板條等各種工具遞給我，在一陣混亂下，搞了半個鐘頭才終於打開門，他們還幫忙幫到底把被我破壞的房門修好。

　　這裡的房子先天建造不良加上又是位於海邊，所以損壞的程度也比一般房子快。如太陽能熱水設備照理說可使用長達十五年，我家卻是六年就必須汰舊換新；木製的門窗雖是我最喜歡的材質，但木門的做工顯然有點問題，左右扇沒對齊，讓門下有條長縫，所以每隔幾個月回家時，總是有一堆灰塵和各種昆蟲屍體迎接我，新買的吸塵器因為太多的塵土最後也報廢；有一扇窗因為我懶得釘紗窗所以一直沒開啟，3 年後打開時赫然出現一朵大香菇；最扯的是屋子的牆壁除了

上：設備齊全的廚房　下：來訪的台灣朋友

023

左：變得綠意盎然的花園　右：原本光禿的花園

掉漆還有整片剝落的狀況，我合理的懷疑應該是海砂屋吧！有天我想自己刮除清理剝落的牆面，結果刮著刮著竟然看到外面的樹木，原來單薄的內牆已經穿透到外牆啦！嚇得我馬上停止動作，以免牆壁整個倒塌；某晚突然颱風下雨有如颱風夜，我正在樓下看電視時，雨水竟然從頂樓往下流瀉，有如小瀑布般誇張，我趕緊跳起來收拾，連抓狂大叫的時間都沒有。

　　土耳其的房子都喜歡鋪上地毯，所以大都以吸塵器打掃，但我家不鋪地毯，只能用當地頗有重量的掃把和畚箕清理，我的手臂就是因此而扭傷，回台花了大半年的時間看中醫推拿、復健才好轉。爾後我只好從台灣帶了門邊條、掃把、畚箕和好神拖回去，電視上那位菲傭返鄉時必帶 3M 的清潔用品的廣告，就活生生發生在我身上。

　　自從買下房子後，我固定每年回去兩次，但每次都有新鮮的問題出現，後來和鄰居們混熟了，這些疑難雜症全部都交給他們幫忙處理，他們也每次都解決得了我的難題，我實在很慶幸能結識這些熱情的朋友，也很幸運能受到他們的照顧，於是大徹大悟：真的是遠親不如近鄰啊！

哈緹婕（Hatice）和尤述夫（Yusuf）

　　2007 年初夏，有一天傍晚經過住家巷子的空屋時，看見一位陌生的中年男子正在油漆，我自然地打個招呼後就逕自前往海邊去游泳，我們完全沒有交談。同年初秋再回來時，社區主委吳畢向我介紹新來的管理員，原來就是那名男子，他名叫尤述夫，他的太太名叫哈緹婕。

　　土國的夏屋社區都有管理員，社區會提供一間房子給管理員居住，他們必須 24 小時全天候待命看管社區的一切。尤述夫和哈緹婕夫妻倆都和我一樣同年，身材瘦小的尤述夫工作量和能力與他的體型成反比，有些

尤述夫、哈緹婕、他們的孫子穆拉特、我的外甥

最早期和最乾淨的海邊

微福泰的哈緹婕做的麵食最可口，她雖然來自鄉村卻落落大方，社區內的花圃、馬路、大小修繕都是出自十八般武藝樣樣精通的夫妻倆，自從管理員換了他們之後，整個社區的各方面都改善許多。

大自然活字典與生活智慧王

每天傍晚我都和哈緹婕沿著海邊的松樹林散步 30 分鐘，然後找個乾淨的地方跳進愛琴海中游泳，哈緹婕喜歡邊游邊比著大拇指稱讚我們兩個歲數加起來超過一百的女人。春天的清晨我們一邊散步一邊穿梭於

森林中，哈緹婕忙著撿木材，我則是忙著摘野花，她教我要摘含苞的花才可以放得久些，如用濕布或濕紙巾包紮成花束當禮物，很受城市朋友們的讚賞。還有採摘野生茶（ada çayı/karabaşotu）、百里香草（kekik）、野菇（kuzu göbeği）、長得像蘆筍的野菜（sarmaşık）……等等時，老是她的收穫最多，我總笑她有一雙「賊眼」，下手快狠準。我跟著她也學到了松樹只要挨過刀砍和移植就無法存活，但野生的匹那（pinar）可以砍伐，因為會再生長也是最好的燃料。她就像一本大自然的活字典，大家都喜歡和她一起上山尋寶。

尤述夫和哈緹婕夫妻倆不但在自家種菜，也幫我們幾戶談得來的鄰居種植，原來種菜並不是我所想的那麼簡單，以為只要把菜籽撒入土中就好了。通常初春

上：枸日勒瑁麵餅　下：撿柴去

時，哈緹婕會在山上找尋好土壤，然後指揮尤述夫以建築用的手推三輪車裝回去，大家再同心協力一起將土過篩，篩過的土軟綿綿的，摸起來好像棉花，再將種子放入土中加蓋子並定時澆水，等到發芽成株時，再移植到花圃。尤述夫對農作物也很有心得，知道什麼地方的土地、什麼季節、應該或不應該種什麼植物，他最擅長插枝種植，簡直就是綠手指。

哈緹婕還有項特長就是化腐朽為神奇，我們散步時她偶爾會撿一些別人的丟棄物，回家加工處理後變成一張擀麵餅的桌子、矮凳子、餐桌……等，更誇張的是將壞掉的吸塵器和手提吸塵器，變裝成「哈式」專利吸塵器，然後送給需要的親戚。一般土製的長棍刷子都很容易腐朽，她就是有辦法幫我再製修好，是位標準力行環保的女士。

我的花園雖然不大，但是處理起來也頗消耗時間，必須翻土、除草、修枝、施肥、澆水……等，這些都是尤述夫自動幫我忙，而哈緹婕知道我不吃辣，所以貼心地幫我種了不辣的辣椒、茄子、秋葵、薄荷、迷迭香。她自己的菜園則是琳琅滿目的蔬菜，所以我下廚時從不愁沒有新鮮的蔬菜或香草。每到夏天，哈緹婕會自己製作辣椒粉和乾燥的湯料塔哈納（tarhana），秋天時摘採橄欖來醃漬和送工廠榨橄欖油，所以她家的橄欖油可是用 5 加侖的大桶子裝存。我每次回台灣前，她都一定會準備這些「homemade」的伴手禮給我，讓我帶著一大袋的溫馨上飛機。

我親愛的土耳其兄姐

尤述夫胃口很好，不挑食，最愛甜食和糖果；哈緹婕最愛吃我的土式黃米飯卜固匹烙夫（bugur pilavı）、醬油炒飯、紅燒雞心和雞肝、香菇雞湯、台灣的仙貝、芒果乾……等等，她也會給我來自家鄉的有機無花果

左：春天裡，免費又處處盛開的小野花　右：價值昂貴又美味的野菇 kuzu göbeği

乾，常常邀我一起共餐喝茶。散步時我分給她的糖果餅乾，她一定會留一份給尤述夫，經常聽見哈緹婕大聲呼喊著不知在社區的哪個角落工作的先生回家吃飯，夫妻倆伉儷情深，大概因為兩人都是二度結婚所以更加珍惜彼此。

　　在他們要買下房子前，手頭有點緊，於是得向親朋借貸，對象有其中還沒變惡鄰居之前的有錢 M 先生。誰知後來土幣貶值，美金開始飆漲，這時 M 先生就來催討出借的美金，哈緹婕急得像熱鍋上的螞蟻，我知道後不由分說地立馬伸出援手，不為什麼，只因為他們是我的土耳其兄姐，就在他們買了房子後，我特別送取暖火爐當新居落成的禮物。

在山中的防火道路上

　　自從我家裡安裝了火爐之後，尤述夫和哈緹婕還貼心地幫我的煙囪加大，讓我煞是驚喜又安心，助燃物就用附近路邊和山上撿不完的免費松果。我和哈緹婕常常一邊散步一邊撿松果，有時也會撿一些穆斯林喝完就隨地丟棄的酒瓶，像艾飛斯（Efes）牌啤酒的空瓶還可換錢，正好貼補沒有收入的哈緹婕額外的家用。不過幾年下來，一路上只顧著聊天的我們，常沒注意雙手的負荷，結果雙雙同時罹患五十肩的毛病，因為五十肩實在是太痛苦，我們再也不敢提重物了。

社區的英雄：狗狗艾飛（Efe）

「艾飛」的土耳其文原意是「村莊的英雄」，這隻狗是我們社區管理員的太太哈緹婕於 2009 年向別的社區要來的公幼犬，他具有土耳其名犬康嘎爾犬（Kangal）的血統，全身牙色，頭部混有黑色的毛髮，不但帥氣也很靈敏。

自尊強、有個性的艾飛

　　艾飛幼時被養在哈緹婕的院子裡，有些小女孩經過時，會調皮地拿小石頭丟他；有一位水電工還用腳踹過他，這些小時候的經歷他可是記得清清楚楚，後來即使小女孩長大了，只要被他看見一定會吠她們，至於那位水電工，更是一出現他就開始狂吠，嚇得水電工要到社區工作時，必須有人到大門口接應才行。

　　當艾飛長大後，為了怕他追咬來訪的陌生人，白天會將他綁在社區的大門旁，傍晚後才讓他自由活動。他頸上的項圈有倒勾的鐵片，之前我第一次看到這種項圈時，誤以為是虐待動物，後來才了解這是用來保護狗頸部的裝置，以免他和野豬或是其他的狗打架時受傷。哈緹婕說艾飛第一次套上這頸圈時，高興得一直跳躍打轉，就像小孩穿新衣服似地興奮。

　　冬天時的社區裡只住有 5、6 戶人家，所以艾飛可以隨意進入社區趴趴走，但他總是喜歡坐在我的後門守候著。有次遇到下雨，他全身都被淋濕，我不忍的打開門告訴他，不要坐在後門淋雨了，快到前廊來吧！他彷彿聽得懂似地迅速跑到前廊。之後我為他在後門加蓋了遮雨棚，結果後來才知其實康嘎爾犬是怕熱不畏寒的。

　　通常我都是每隔 4 個月回家，他從未曾忘記我也沒對我吠過，也都記得我家在哪裡。當我獨自上山運動

時，他也總是找得到我，然後在一旁默默地守伴，簡直就是我的私人保鑣。2012年夏，我帶姪子回家，一起來到艾飛跟前，介紹他們認識，他一定聽懂姪子是我的親人，因為隔日清晨姪子外出晨跑時，他就伴著他一起跑。

平常他最喜歡和我們一起上山，當大夥兒砍柴休息時，他就像個朋友似地坐在一邊，和我們一起吃餅乾，還將前腳搭在我們的膝蓋上！至於握手這種小伎倆，他早早就會了。

夏天暑假，社區住滿來度假的人，這時餵食艾飛的人就比較多，食物自然不虞匱乏。但有一年，我發現他卻變瘦了，大家都不明原因，後來經過我仔細地觀察，結論是——他得了「憂鬱症」。原來是哈緹婕在他視線範圍內養了雞鴨，白天他被綁住時，那群雞鴨不但在他眼前跑來跑去，過分的是還在他吃飯時欺近騷擾搶食，害他變得不像以前那樣可以自在地吃飯，更可惡的是還會跑到他的屋內大小便。他非常愛乾淨，從來不會在自己住處附近大小便，身上也沒有狗味，於是我請求鄰居們幫他蓋間大一些的新屋，一方面讓他遠離雞舍，也讓身軀日漸龐大的他住得舒服些，果然2012年新居完工，艾飛一掃陰霾又開始活蹦亂跳了。

我就是要寵壞他！

　　真正關心和愛護艾飛的我們都知道，給他食物時不能放著就走人，必須先摸摸他的頭，和他說說話，像哄孩子一般：我的兒子、你最英俊、你最乖、今天好嗎……等等，然後他才會開始進食。燒飯時我總是煮兩人份的食物，給他的可不是剩菜剩飯，他最喜歡吃我的中式蛋炒飯、土式黃米飯、魚頭、魚的脊椎骨和羊排，平常我很惜物，但是只要跟他在一起我就忍不住有點浪費，因為我最喜歡為他加菜。他還愛吃優格，所以我會為他買最大桶的優格，買雞肉時也特別為他買雞心和雞肝，好笑的是鄰居們常和艾飛搶食醬油滷雞心、肝。有一次大夥喝茶時，我念著昨天給艾飛吃魚，晚上要煎羊排……鄰居們笑說那他要坐在艾飛旁分食，還有人誇張地說已經 20 多年沒吃到羊排了，他們戲謔的說，乾脆每天給他寫 menu。有一

上：道再見　下：可愛的小艾飛

天哈緹婕在山上忙著，告訴艾飛：「今晚沒空給你弄食物，去、去找錦瑟，他似乎聽懂了，馬上直奔我家。」

　　我比較喜歡冬天回去，這時他可以自由自在進出社區，每每煮好晚餐時，我只要開門對著空曠的社區大聲喊著：「艾飛，吃飯了！」就像呼喚外面玩耍的小孩回家一般，艾飛馬上就會狂奔過來。台灣和土耳其朋友常來電問我在鄉下做啥？我總回答「幫自己和狗兒做飯」，不知是否會令他們「噴飯」？

　　大家都忌妒說我會把艾飛慣壞，沒錯！我就是要寵他。所以每當我回家時，大家都打趣說「艾飛，跳舞吧！你的節慶來了！」。

　　我和鄰居晨運時會讓艾飛同行，但是有時他不聽勸，會和別的狗打架，那我們就會懲罰他，禁止他跟隨，當他確定我們不會改變後，就開始哭號直到我們回來，住在社區大門旁的鄰居協大被吵得要命，為此還向我們提出抗議！

　　艾飛很聰明，只要看到我和哈緹婕穿上比較正式的衣服時，就知道我們要出遠門了，他也會開始哭號，像個小孩一般要賴。有一次我要進城辦事，大清早一打開門，等在門口的他，看到我出外的穿著和背包，馬上開始黏著我哭泣，我必須不斷地哄著他並解釋著，只是進城辦事，晚上一定會回來，聽完後他才停止哭泣！

　　離開社區時，尤述夫幫我拿行李到路口，好搭乘清晨載小孩上學的小巴士，艾飛從遠處跑過來，站在尤述夫旁送我上車，我在車子離開前對著艾飛說：「你要保重，四個月後我就回來……」說時我可感覺到車上的乘客都很詫異地看著我。

緣起不滅

　　2014 年十月凱末爾到市集採購並順便接我回社區，我在市集採買了一個大的塑膠臉盆要給艾飛當食盆，然後自言自語地唸著：「哎呀！忘了買雞肝和雞心給艾飛了。」凱末爾說：「艾飛已經走了，大家怕妳難過，才沒在電話裡告訴妳。」

　　我難過地問了原因，懷疑艾飛頭蓋骨上的致命傷是被人打的，否則以他的體型和正值壯年，理應不至於被其他同類所傷。我內心一陣陣翻攪，站在超市貨架前，頓時發現失去了這個好朋友似乎已經沒有多的東西需要買了，因為家裡只有我，我再也不用浪費了。

　　協大說艾飛很有格調，不隨便交女朋友，因此一直單身，但是大家都想抱孫子，所以開始幫他物色媳婦，只是遍尋不著讓他滿意的對象。2015 年 2 月回家時哈緹婕一見面就很興奮地告訴我，隔壁社區的龐匹煦（Pampiş）生了一窩小狗，看起來像是艾飛的小孩，她特地抓起一隻公的小 baby 說，他長得和艾飛小時候一個樣兒，連吃麵包的動作都很像，於是我們也給他取名「艾飛」，讓在天上的艾飛永遠活在我們心裡。

　　6 個月後那一窩小狗已經長大，我發現有一隻的眼神很像艾飛，第一天餵狗兒們新鮮的麵包，大家都吃得很滿意，第二天那隻眼神像艾飛的小狗一看到我就猛搖尾巴，我叫他過來吃麵包，他卻一動也不動，於是我走過去邊跟他講話邊餵食他才吃，完全和艾飛一個樣。艾飛的女友龐匹煦和剛出生的 3 隻小犬開始常過來躺在我後院，好像可愛的艾飛似地，於是我本著愛屋及烏又開始浪費食物了。

我的花園

　　我家的前、後院和旁邊都有空地，前屋主將土地的邊界用石塊砌成矮牆，各種了兩棵橄欖樹、石榴、仙人掌、3棵松樹、一棵大王椰子和幾棵葉子上都是刺的仙人掌，全都是小小樹苗，所以整個花園還是光禿禿的模樣，只有後院門口本來就已經存在的一棵比人高但被截肢的橄欖樹，它在生病變枯黃前，像是迴光返照似地結實纍纍，最後壽終正寢時還得動用兩位大男人，又是電鋸又是斧頭的，才能把堅硬的樹幹變成最佳的柴火。

左：草創期的花園　右：「迴光返照」的橄欖樹

種植，等待，嘗試

　　2009 年夏天，我興致勃勃地買了小橘子、柑橘、香蕉、無花果和核桃等小樹苗種植，除了那棵樹幹如手指頭粗的無花果，其他的在半年後全死光光，後來學到原來種樹應是在冬末初春，而且並不是想種就可以種，像枯枝般的樹苗要先浸水，土地挖洞後必須用較鬆的土去填平並馬上澆水才行。土壤隔個幾年必須再加新土和施肥，我們用的全是天然的「牛屎巴」，也就是牛糞，因為鄉下的牛都是自由放牧吃草，所以牛屎巴是沒有臭味的。記得第一次施肥的夏天，哈緹婕在我園子裡的果樹下種蔬菜，大概是土地太肥沃了，來訪的朋友看了都說：「根本就是『菜園』嘛！」

　　我喜歡吃杏桃，於是特地去種了一株，但我不知杏桃不喜水，把它種在陽台的出水口，所以第一年結果後隔年即再見。我又再接再厲地繼續種在後院較高處，就在那棵壽終正寢的橄欖樹的原址，現在已經有兩層樓高了，只是結實不過幾顆而已。然後又將也是不喜水的無花果移植至杏桃旁，當時半人高的樹幹上僅有 3、4 片葉子，經過了兩年還是一樣的高度，我估計著大概也活不成了，沒想到隔年它就像個「轉大人的小孩」一樣，不但

從左到右：梨子、甜如蜜的無花果、豐收的李子

足夠吃一個月的石榴

長得比人高還結實纍纍，從此我每天吃的新鮮無花果都是從樹上現摘的。

之後在哈緹婕的指導下我又加種了社區內最容易種植的李子、石榴、梨子等果樹和橄欖樹。在後院的圍牆種植的松樹，後來長到兩層樓高，成為最美麗的自然圍牆，但基本上兩棵樹中間必須有距離，可是土地實在有限，於是我將前院的松樹往外移，沒想到松樹換了位置後沒多久就死亡。後來發現葡萄也很好植，於是我又開始動腦筋找地方，每次協大都笑我是「瘋子」，因為沒有人會種樹種得如此高密度，而我也不甘示弱回答：「我在自己的土地上愛種什麼就種什麼，干你屁事！」

收成的季節

每年夏天回到家，第一件事就是先巡查我的小院子，看看橄欖樹、梨子和紅色李子結了多少果子？一般 7 月是李子和梨子收成的季節，8 月和 9 月是無花果、10 月是石榴和橄欖，如果我沒在收成的時候回家，哈緹婕會幫忙採收並放冰箱等我回去品嘗，還很貼心地留下葉子讓我拍照。2015年我的李子、梨子和無花果大豐收，除了自己吃外還分送鄰居和掛在樹上

餵鳥、黃蜂。我也向哈緹婕學習醃製綠色橄欖，將採下的橄欖畫上一刀後泡水，每天換水，7 到 10 天後泡進加了一種檸檬鹽（limon tuzu）的鹽水，讓橄欖不會變軟，後來知道檸檬鹽非天然的東西，就改用社區那棵唯一的檸檬樹上的檸檬。

似乎我的風水太好了，8 棵橄欖樹幾乎每年都掛滿果實，但只要塞滿五公升瓶罐的醃製橄欖就足以夠我吃一年，所以其他的都送給哈緹婕，2015 年吳畢已先向我預定，因為他家的橄欖樹沒有結果。

全社區只有一棵檸檬樹，大家一直慫恿我將那棵只會開花不結果的石榴丟掉換種檸檬樹，因為根據他們長時間的觀察，石榴樹的位置最適合不喜歡大風大雨的檸檬樹，但是它和我一起開始這裡的生活，我對它很有感情，雖然不結果可是長得很茂盛也很漂亮。直到 2014 年春天我終於點頭答應種檸檬樹，條件是不能砍死我的寶貝，必須把它移到前院圍牆外。一年後檸檬樹活得很好，我又在旁邊種了一棵小橘子（mandalina）。

我是個非常注重環保的人，吃不完的食物找貓狗幫忙，蔬菜葉、水果皮、蛋殼、乾果仁、瓜子殼……等，全都往後院丟作天然肥料，所以後院的樹木長得比較茂盛，多年後還竟然冒出好幾棵橄欖樹苗。前院圍牆外是公家的土地，不知從何時起開始有人把不要的廢棄物往那兒丟，或是在我的院子前行走，於是我開始撿石頭整地並在上面種石榴，我沒有做水泥圍牆圈地，只是用整地的石頭象徵性地做邊界，然後將有刺的仙人掌往邊界移植，希望未來石榴也有大豐收。

這個花園是我在台灣永遠無法實現的夢，我很幸運，不必像很多人在繪本裡才能找到奇妙的世界，這裡的土地就是我的一方天地，看著一棵棵精心栽植的果樹慢慢成長、結果，從中細細地體會季節的流轉。

我的鄰居們

　　古今中外都一樣，有人的地方就有是非，在我們小小的社區裡也不例外，談得來的人自然常常來往，不欣賞的人平時遇到就只是點頭打招呼而已，還有的連打招呼也免了。夏天時社區很熱鬧，因為大家都回來度假，但社區前因為在海灣的末端，泥土淤積不適合游泳，必須到別的社區去才行，所以有車子的鄰居們都會過來相招尋伴一塊兒出遊；有時大夥會聚在一起吃哈緹婕做的野菜枸日勒瑁（gözleme）麵餅、我的起司波瑞克（börek）麵餅、喝下午茶或用餐；冬天時沒有度假的人潮，社區裡只有稀疏幾戶人家，那我們幾戶談得來的鄰居會選一晚為「喝酒之夜」，由我提供從免稅店買的洋酒，通常我、哈緹婕、凱末爾是固定的晨運三人組。

黃昏出遊的固定班底

好鄰居

吳畢（Ulvi）是以前的社區主委，來自盛產無花果的拿日利（Nazilli），尤述夫就是他找來的管理員，他是個和我同年的退休老師，也是我在此第一個認識的鄰居，剛開始我確實是有點討厭他，因為我不知道每個月要繳管理費，加上半年才見一次面，因此他認為我遲繳必須付「利息」，個性既小氣又古板，又愛挑剔我的中菜，後來是和他太太黑蒂耶（Hediye，土文的意思是禮物）認識後才漸漸熱絡起來，原來他是孝順岳母、好客、不佔他人便宜的善良人，吳畢喜歡種花種菜也懂得養生，可就是香菸一根接一根抽因此被我稱為「煙囪」，他也常常幫我處理疑難雜症，我一樣尊稱他大哥。

我很喜歡黑蒂耶，她非常善良且熱情幽默，也很喜歡小動物，平時

左：吳畢和斐哈特的孫女
右：黑蒂耶、來訪的親家蘇雷曼、阿姨與欽蜜內

會貼心地將魚的龍骨搗碎餵產後的母狗龐匹照。她常在午後招呼大家一起喝下午茶，還煮得一手好喝的土耳其咖啡，我經常對吳畢說他很幸運娶到了「禮物」。有時黑蒂耶的母親和姐姐欽蜜內（Emine）也會一起過來度假，和我一樣患有氣喘的阿姨把姊妹倆教得很好，經常聽到姊妹倆快樂的笑聲。每次問阿姨好嗎？她總是嘴巴很甜地回答我：看到妳就很好。欽蜜內也是和我同年的退休老師，雖然患有小兒麻痺行動較不方便，但是樂觀開朗健談一點也沒有自卑，我幾乎每天都會去他們家報到，我和她價值觀相同頗有相見恨晚之感，每天傍晚吳畢開車載我們去海邊游泳，旱鴨子的

老當益壯的凱末爾

欸蜜內聽了我的建議戴上兒童手臂救生圈，開始快樂地享受海泳。

凱末爾（Kemal）大哥最年長，但別看他滿頭白髮，我們一起運動時，他可是老當益壯，夏天的早晨只有他最有毅力走路去晨泳。他來自安卡拉，從電力公司退休，因為大嫂必須留在安卡拉幫忙女兒帶孫子，所以大部分時間大哥都是獨自住在社區裡。我和哈緹婕沒有車子，去哪都不方便，這位熱心的大哥總是主動詢問是否需要載我們進城，而且幾乎是有求必應，也是我的救星之一。有一次因為我有多餘的電話費，大哥就借用我的手機打給大嫂，沒想到多日後大嫂來電質問我到底是何方女子！後來這件事常被我拿來取笑他們。

已離婚多年的**協大**（Serdağ）來自安卡拉，比我年輕一點，從旅遊部退休，他的房子位於社區舊大門旁的第一排第一間，他和吳畢是好鄰居，身軀高壯，留著一臉落腮鬍，出生時是個重達 6.5 公斤的巨嬰，所以我每次向台灣朋友講他的趣事時都叫他「6.5 公斤」。我們剛

左：協大　右：哈陸克

開始認識時，覺得他很兇惡，但兇惡對壞心眼的人最好用，有一年他被選為社區主委，那年大家都如期繳交管理費，誰都不敢惹他，後來慢慢了解他以後，發現他是位有話直說而且熱心、講義氣的男子漢。其實他很會搞笑扮鬼臉逗大家開心，也喜歡和我抬槓。我每次經過大門和餵艾飛時，都會在他家陽台小坐，邊喝茶邊閒聊講八卦。當我需要幫忙時，他也是二話不說，立馬伸出援手，現在我家裡很多的建設如門窗、鋁條、頂樓門板⋯⋯等都是出自他的巧手，為了謝謝他，我每次回家時一定做他最喜歡的玻瑞克麵餅回贈。可惜 2014 年他將房子出售搬到城市去了。

　　因為他的房子最靠山邊，當他坐在陽台時，鳥兒們就乖乖地等在遠處的山上伺機而動，只要他一進屋內馬上飛進花園，把他花園裡的果子全

吃光，聰明的鳥兒連杏桃的核仁也有辦法吞下肚，讓他恨得牙癢癢，從此人鳥結怨，一場永不停止的戰爭遂自燃起，協大開始自製彈弓狂射小鳥，雖不見得射得中，但至少有嚇阻作用。可是自從協大賣了房子搬離後，天下太平，鳥兒們開始將地盤延伸至全社區，從此我也變成受害者之一，院子裡一半的果子都進了小鳥的五臟廟。

斐哈特（Ferhat）是後來搬來的隔壁鄰居，來自東部但定居在西部的伊茲密額（İzmir），他的房子和我隔著花園，大嫂很會做麵食，尤其巴克拉瓦（Baklava）簡直好吃得令人想到都垂涎三尺，他們對我非常友善，經常送食物給我，有一次聽說我要離開，二話不說馬上換了衣服開車等我，他們是大家公認的好人，可惜 2015 年夏天和我擦肩而過，因為他不幸得了小中風提前回家了，願上天保佑他。

最早買下社區房子的哈陸克（Haluk）是位熱心有教養的中年離婚男子，來自黑海，算是我最晚認識的鄰居，喜歡開船出海釣魚和騎重機，大學念的是食品營養，卻是個大「煙囪」，因為會說英語所以我們很談得來並成為好朋友，我進口的橄欖油也是因他大力幫忙促成。可惜他要將房子出售遷走，因為他隔壁的惡鄰居 A 先生令他很不爽，我們幾家人都很喜歡他也都不希望他離開，於是我和哈緹婕密商要破壞他出售房子的計畫，如果有人來看房子，就說壞話讓交易談不成。

我們社區和西邊的另一個社區僅以鐵絲網相隔，本來社區東邊有個出入的大門，多年後才被發現大門外到馬路上短短的三百公尺道路是佔用別人的土地，頑固的地主不願意交換土地，我們只好另開大門借用西邊社

區的土地。社區前的海邊是海灣的末端有淤泥不適合下水,於是大家轉到別的社區游泳,讓我覺得這些鄰居社區的人真是有度量,而社區和社區間也彼此互動來往,有時我也會在路上搭了隔鄰社區的便車呢。

有好鄰居當然也有惡鄰居

M 先生來自安卡拉,從銀行業退休,他公然佔據公家的土地擴張自家範圍,公家的保險電箱位於他的花園旁,他不顧眾人勸阻,逕自往下挖土種樹,結果挖到地下的電線,下雨時引起火花連他家也停電,真是損人不利己;他還砍大樹當柴燒,完全不顧環保;家裡需要煙囪就找尤述夫幫忙製作,做好了馬上不理人,標準的忘恩負義!

S 先生來自伊斯坦堡,他在社區內唯一的大桑葚樹下填水泥,以便他家可以就近在樹下野餐,至於砍大樹呢,只是為了他家可以看到海,他們親友來訪時 S 太太要求哈緹婕到他家做麵餅,坐在地上擀了近百張麵皮還要烘烤,這是十分累人的工作,害哈緹婕腰痠背痛,但並沒有得到任何回饋。2014 年 S 先生身為社區副主委,在社區會議時有人質問他為何將整個社區的橄欖樹收成佔為己有,他竟然大剌剌地回答:「因為他家沒有種橄欖樹呀!」彷彿一切都是理所當然似地。有一天 S 先生來我的花園看到龐匹煦剛生出的小狗,他覺得很可愛,卻說好可惜都是母的,我非常不客氣地回答:「難道你媽不是『母』的嗎?」

A 先生是住在德國的退休土耳其人,他花園裡種的花和樹擁擠得和我有拼,沒想到他後來逕自將花園往外擴充填上水泥到公共的馬路上,完全不

理會大家的抗議，他長年住在德國卻沒有學到德國人守法的精神。

Ü女士也是來自產無花果的地方，當她整頓房屋時借住哈緹婕家，後來因故鬧得不愉快，連我送點心給她男友時盛放的碗都佔為己有，也不管那是我千里迢迢從台灣帶去的寶貝碗。她習慣說謊，到處嚼舌根，好像恨不得天下大亂，我只要遠遠看到她馬上就閃開，以免成為她的話題對象。她年紀比我們大些，已離婚，但是風韻猶存很有交際手腕，男朋友一個接一個換，背地裡我和哈緹婕都羨慕又忌妒地叫她「花蝴蝶」。

　　惡鄰居的共通點是自私自利，他們可以大剌剌地我行我素，不顧社區的規範，行事風格厚顏和無恥，使喚管理員夫妻尤述夫和哈緹婕有如僕人，他們都曾經長期在哈緹婕家喝茶、吃飯、接受夫妻倆的幫助，但平時不只不打招呼，還使壞聯合起來一直想將夫妻倆趕出社區，且專程通知森林管理員拆除哈緹婕的養雞圍籬，所幸天佑好人，後來尤述夫的房東以極便宜的價錢把房子賣給他，讓他們得以留下來，但是在2014年這群壞人竟利用私權終結了管理員的制度，從此社區內無人看管，環境每下愈況，倒是恢復自由的尤述夫反而不需要24小時在社區待命，也不必再受惡鄰居們的頤指氣使，可以和大夥兒一起快樂地外出逛市集、到處遊玩，還可以到附近的社區打零工，工作較輕鬆、薪資待遇又比較好呢！
　　其實我和惡鄰居們並沒有瓜葛和衝突，只是天生喜歡打抱不平和為朋友兩肋插刀的個性，讓我常忍不住為夫妻倆叫屈。土語打招呼的用語：問者說「很高興你來（hoş geldiniz）」，回答者說「很高興見到你（hoş bulduk）」；我和他們保持距離，僅僅打這種客套的招呼，但是連這種招呼語也實在違背我的心意啊！

壞事傳千里的 K 村

　　我居住的社區位於鄉下的海邊，是純度假的住屋，沒有商店，沒有生活機能，對外的交通只有早晨送小孩到村裡上學的小巴士或鄰居的自用車，再來就是隨時經過的順路車，倒是從 K 村有定期的小巴士往返到城裡。有一天我錯過了巴士時間，在路旁苦等順路車，初見面的鄰居 M 先生剛好出來趕牛吃草，好心地幫我攔下每天例行送麵包的車子，這些順路車都不收我錢，我只好以小禮物回贈他們和鄰居。

　　剛開始和鄰居們不認識，有時進城大量採買時，我會央求小巴士司機特別幫忙送我進社區內的家門口，除了車資我會另外多給小費表示謝意，以後每個司機看到我都很高興，沒想到一年後赫然發現每輛車子上貼著公告寫著：如果車子進入社區，必須另加 10 塊里拉（是車資的一倍多），額外費用遠超過車資，那特別條款似乎是因為我這始作俑者而起，對此我也很不爽，寧可請尤述夫幫忙讓他賺小費，然後我發現根本沒有人要另外付錢，隔年就不見那張告示了。還有一位小巴士的司機，每次都向我多收車資，後來我寧願多等一個小時也不搭他的車子。

　　M 先生退休自警界，兒子和女兒都很有禮貌，有一次主動開車專程送我至村子，因為受到他的幫忙，隔次再回去時，特別帶了台灣的禮物登門道謝，還為了敦親睦鄰，我沒有詢價就向他訂購了一台牽引車的土去填花園，之後每次問他價錢時總推託是由老婆處理，這是我和他太太開始第一次的生意往來。直到有一天 M 太太、女兒和哈緹婕到我家的女士喝茶聚會中，總算敲定價錢，向我收了兩倍的天價，我沒有討價還價馬上付了

錢，一旁的女兒不避諱地抗議收得太多啦，她可是老神在在地不吭一聲馬上收下錢，離開時還用我家的盤子打包食物回去也不歸還，我只好說那是別人家的盤子她才還回來，即便如此我還是繼續向她購買土雞，只因我是個懂得感激幫助過我的人。誰知第一次沒問題，第二次的雞不知是幾歲的老母雞，雞皮上都是密密麻麻的黑毛，來訪的朋友吃了都說像橡皮筋般咬不動！哈緹婕向她買奶油也是偷斤減兩。所以還完人情債後，從此我不再光顧她的生意，只願意跟他們維持做個點頭之交而已。

　　另一位是 M 女士，社區內的水電工程大都是她的兒子幫我們處理，M 女士很勤勞在每個禮拜五的市集都有擺攤位，販賣牛奶、雞蛋、橄欖油、香草、自製麵餅……等，夏季時在社區路口有間小屋和花園做生意，有一次我向 M 女士買她自製的鄉村麵餅，她說剛好沒有零錢，下次再找給我好了。隔年冬天在市集提起這件事，她回答說忘記了，也沒有要找給我的意思。媳婦和兒子夏天時在路口擺上桌椅做生意，麵包櫃子裡竟然摻雜著前一天的麵包，生乳也比其他的人淡，煮後只有少許奶油，令人懷疑被稀釋過，當然從此也是生乳的拒絕往來戶。

　　不老實的村民做生意時的共通點：品質不是百分之百、過期，共同語言總是疑問似地回答「是嘛？」選擇性地遺忘。

　　M 先生和 M 女士都是 K 村的人，他們在村子裡和海邊都有土地和房子，收入來自橄欖收成、乳製品、番茄蔬菜……等。海邊有大小 11 個「夏屋」社區，現代的人喜歡有機食物，如果是誠實地做生意一定會財源滾滾而來，可惜他們目光短視斷了好商機，久了以後我們都會互相通告向有信用者購買。

　　有一次我在另一個海邊度假時，在麵餅店裡一邊吃麵餅一邊和老闆聊天，當他聽到我來自 K 村時，誇張地拉長聲音反應：「哦——K 村？」

遠處山中齊聚的白房子就是 K 村。

我也很疑惑地問：「老闆！請問你這是什麼意思？」老闆一邊扳著手指一邊說：「那個村子的人很商業，什麼事情都是一個『錢』字！」連密拉斯市集的人也如此說，還好心地勸我不要大事張揚，免得哪天怎麼死的都不知道，可以證明這可不是我個人的觀感，也證明壞事總是傳千里。

橄欖樹與橄欖油

常綠的橄欖樹主要生長在土耳其西部愛琴海和南部地中海區域，橄欖樹的樹葉是牛羊最愛的健康食物，收成的橄欖可製成橄欖油、醃漬的黑色或綠色橄欖、果醬和肥皂；榨完油後的渣滓可當生火的燃料，樹枝和樹幹是最佳的柴火，整株樹可被運用得淋漓盡致，而它卻不需要特別照顧，如果沒有病蟲害，壽命可是比人類還長，有的甚至超過千歲。我現在對橄欖樹越是了解越是尊敬也更珍惜，它真可說是上帝送給人類最好的禮物。

多年來旅行於土耳其，不知有多少次經過愛琴海的欽得雷密特（Edremit）海灣，這裡的橄欖樹像森林一般密集，海灣地區的愛琴海、伊達山、馬得拉山的空氣含氧量，僅次於歐洲阿爾卑斯山，因此這裡出產的橄欖油質量皆聞名土外。

原本我一直不喜歡質軟帶皮且口感不佳的醃漬黑色橄欖，比較偏好較脆的綠色橄欖。直到有一次在海灣地區吃到脆口的黑色橄欖時大為驚喜，居然還有這麼好吃的黑色橄欖。於是 2013 年春天我專程來到哈夫朗（Havran）找尋黑色橄欖，並且順道探索連很多土耳其人都不知道的哈夫朗。

自己用的橄欖油自己進口

2013 年 10 月回到台灣，適逢假橄欖油銅葉綠素事件鬧得沸沸揚揚，新聞每日大幅報導，搞得人人擔憂，不知到底何種牌子的食用油可以信任，於是我決定從自己最熟悉的土耳其進口，除了滿足自家人的需求外，還可造福親友、贈送客戶。我馬上聯絡所有的土耳其朋友集思廣益，

春天的橄欖樹下是遍地美麗的野花

最後採納熱心又專攻食品業的鄰居哈路克（Haluk）的建議，選擇位於哈夫朗的「蒙特伊達（Monteida）」品牌，由於代理的亞罕（Yahan）先生是台灣女婿，我們相談甚歡，他在了解我對土耳其特殊的情感後，極力幫我爭取到最好的價格，於是這批油終於在 2014 年 1 月的春節前抵達台灣。

2014 年 2 月我像往昔一樣回土耳其，特地於海灣停留並拜訪哈夫朗的工廠，認識了第三代的年輕老闆艾牡瑞（Emre），他來自也是以橄欖油聞名的艾瓦勒克（Ayvalık），他一邊帶我參觀工廠一邊詳細解說製作過程。隔年我又加碼進口了橄欖油皂，原料是用可以喝的初榨（virgin）等級橄欖油，當然也沒有添加任何香料和防腐劑。用了一段時間後我發簡訊告訴艾牡瑞，我改用橄欖油皂洗頭，結果掉髮的情況改善許多，他的回答是：「妳將會是頭髮最強韌的台灣女人！」

2014 年 10 月底朋友紛紛不解我暑假才回國為何又要再去土耳其，後來知道我是因為要親自目睹橄欖收成和榨油的過程後，大家直呼我真是個「瘋子」。殊不知雖然媒體上經常都有專家學者們解釋說明有關橄欖油

的種種，例如：初榨、冷壓、特性……等等，但我既不是專家也不是學者，更不想只從網路上抓資料，我只是想藉著遍訪北、中、南等不同地區的工廠，實地了解整個橄欖油製作的狀況，並為自己推出的產品掛保證罷了。

橄欖油的製程

橄欖的收成時間因產地而異，地中海和愛琴海地區是從 9 月底開始至 2 月，這時間包括榨油和醃漬橄欖。海灣地區的橄欖籽大肉小，榨的油較多，品質也最好，10 至 12 月是最佳的季節。其他有名的給姆力克（Gemlik）和伊茲尼克（Iznik）的橄欖肉多籽小，較適合醃漬，榨油最佳的時候是 10 到 12 月。採收的橄欖最好是裝入麻袋，必須趕在 24 小時內送到工廠馬上倒進大容器，否則時間越長酸度會愈高，也就影響油的品質。放眼望去一堆堆的袋子和儲存格佔滿空地，生產期間工廠的機器幾乎沒有休息。

如今現代化的機器都是全自動化，由電腦控制製作過程。橄欖先倒進大槽裡，然後由履帶將其一小堆一個格子地往上運送，抽風機會先抽出樹葉至收集室給牛羊吃，然後在橄欖上灑水再進水槽清洗，洗淨後才送進壓榨攪拌槽加入 30 度以下的熱水混合壓榨（橄欖實際上受熱會降至 27 到 28 度）。剛從樹上採收的果實較硬，溫度讓其鬆軟後才可榨出較多的油。讓油水分離就是市面上所謂的「冷壓」，一般只有一道壓榨，並沒有所謂的 2、3 道，過程中完全無添加任何化學成分與使用任何化學方式，5 公斤大約兩千顆橄欖才可榨出一公斤的橄欖油。

榨出的油立即檢測酸度分別放入大鋼槽儲存，歐盟規定每 100 公克

母灣的醃橄欖最美味

酸度在 0.8 以下稱為特級初榨(extra virgin)；酸度在 0.8 至 2 稱為初榨（virgin）；酸度 2 以上味道又不佳時，另外再加熱和化學精煉處理去除雜質、臭味以及脫色，有的會混合 10% 至 20% 的特級初榨，就是顏色較淡的純橄欖油（pure olive oil）—— pure 字面上的意思是「純」的橄欖油，沒有混合葵花油、玉米油……等其他的油。精煉的設備價錢不斐又須要場地，全國有此設備者屈指可數。我從西南部的密拉斯（Milas）北上經庫夏達舍（Kuşadası）到欸得雷密特海灣，一共參觀了 11 家工廠，每一處都只有生產特級初榨，大家忙進忙出看著流出的黃金液體，臉上淨是愉悅滿足的笑容，每個人也都是將此視為神聖的工作。

至於哪種顏色、哪種油最好以及適合怎樣的烹調？正如有些人喜歡辛辣、中辣、不辣一般見仁見智，我個人喜歡鮮採鮮榨有點辛辣的橄欖和有濃濃果香味的橄欖油，如果不油炸食物就不會產生高溫問題，用 0.8 以下特級初榨橄欖油可以一瓶用到底，如果要油炸則建議用燃點較高的純橄欖油或葵花油……土耳其因為不是歐盟會員，加上又沒有廣告推銷以致於大家並不知道它也是橄欖油主要的生產國，土國朋友們都說西班牙和義大利還會自土耳其進口呢！

在全盤了解橄欖收成的季節後，我堅持要進口當季 10 至 11 月採收壓榨的油，並於 12 月冬季裝船運到台灣，避免貨櫃在海上太陽底下曬四十五天影響品質。橄欖油不需放冰箱，置於陰涼處即可。

悼念摯友

海瑞庭

2013年春天，當我正優遊於愛琴海邊的山城時，突然接到伊斯坦堡朋友的電話，通知我好友海瑞庭（Hayrettin）已於數日前過世，那時天空飄著細雨，一絲

海瑞庭夫妻和女兒

一絲地落在我身上，我難以置信地大喊「怎麼可能？！怎麼可能？！他比我年輕啊！」

海瑞庭是我在土耳其認識的第二個好朋友，他來自東部的大家庭，有五個小孩，住在伊斯坦堡的歐洲區。第一次去他家作客時，就感受到他們一家人的盛情，離去前他們不斷地叮囑我下次再回伊斯坦堡時，一定要住他們家，而之後也就是因為能夠和他們生活在一起，開啟了我在土耳其的另一個人生。

海瑞庭的太太卡蒂貝（Katibe）是位賢淑、能幹又美麗的家庭主婦，她不只擅長女紅，烹飪的手藝也一級棒。海瑞庭生前最喜歡在家裡吃飯，

我也樂得從她的廚房裡學會不少道地的土耳其菜。夫妻倆親切好客，經常招待親友和從東部過來自家工廠工作的後輩，卡蒂貝總是以一桌可口的家鄉菜讓大家一解鄉愁，因此常會收到遠從東部寄來的謝禮以為回報，像羊肉（東部放養的羊隻肉最美味）、火雞和野菜、自製起司……等等。溫柔的卡蒂貝不但老是笑臉迎人，還將孩子們教養得溫文有禮，大家在餐桌上時，她永遠都是把最好吃的部分放在我盤子上，把我當家人一樣對待。

自 1996 年起來來去去往返土國的 6 年間，我每次途經伊斯坦堡時，一定會去叨擾他們，直到 2002 年他們舉家遷離，我才開始投奔伊斯坦堡亞洲區的另一對夫妻朋友家。那時海瑞庭的事業蒸蒸日上，比我初識時已不可同日而語，他在離市區較遠的博斯普魯斯海峽的岸邊購置別墅，實踐了一定要給妻兒最好生活的目標。而我也開始到土國各地旅行和寫書，從此我們變得較少聯絡，後來再推算他該是那時開始罹病的吧。他的大兒子和小女兒結婚前曾打電話邀請我出席婚禮，但是我身處偏遠地區無法回伊斯坦堡，也錯過了見面的機會。當我再回伊斯坦堡時，海瑞庭的親戚來接我前往弔慰，回首十年一晃眼匆匆過去，和卡蒂貝再次相見，人事已非，真是不勝唏噓。

記得剛認識海瑞庭時，他的事業就已小有規模。當時他常到遠東出差，為他和朋友合夥經營的電子工廠購買電子零件，起初都帶翻譯隨行，後來自學英語，開始獨當一面，加以他頭腦靈活又有遠見，生意越做越大。

我曾協助海瑞庭接洽台灣的 LNB 衛星接收器的生產工廠，之後他的品牌在土耳其市場上從零到佔有一席之地，也許算是盡過一份綿薄之力，他為了感謝我，特別準備了個大大的紅包，但被我一口回絕了，當時他還頗受傷呢。這麼多年來我們的感情就像兄弟姐妹一般親近，看到他的

高山上也可見 SUNNY 的產品

事業逐漸壯大，我衷心為他高興。現在土耳其四處都可見到販賣「SUNNY」牌子的電器和衛星碟形天線，我總會與有榮焉地向人誇耀「那個牌子的老闆是我的好朋友」呢。

　　卡蒂貝說就在海瑞庭生病時，多年合作的好友要求拆夥，海瑞庭遂獨挑大樑，將事業的版圖擴展到建築領域。他在東部家鄉和伊斯坦堡蓋起大樓，兒子和女婿們也陸續接掌事業。他又將工廠擴大遷往伊斯坦堡的腹地，隨後舉家搬至離工廠較近的自蓋的社區，那整個社區有 850 戶獨門獨院的別墅，規模相當驚人。除了 5 個小孩，另外在公司上班的兩個弟弟都獲得各自的房子，他讓弟弟擁有的房舍比自己子女們的都豪華，這就是典型的海瑞庭風格，既慷慨又貼心。記得有一次我和他以及他母親共乘電梯，在電梯內母親摸著他的臉頰親吻說：「這是我最棒最優秀的大兒子！」

　　這回我在海瑞庭的新家留宿，這棟像城堡似地大房子，沒了男主人，彷彿被掏空似地。我、卡蒂貝和她妹妹雖然聊個不停，但話題總離不開有關海瑞庭的種種，一切的一切就像揮不去的煙靄纏繞在我們之間。

　　隔日大家一同前往海瑞庭的墓地，墓園位在欽於普（Eyüp），先知穆罕默德的好朋友兼倡導者欽於普也葬在山腳下的清真寺旁。1997 年夏天我在博斯普魯斯大學念土文時，海瑞庭曾經帶我和美國同學瑪琳來此參

觀，當時他曾提到土耳其人都希望死後能夠安葬在這個聖地，現在他正長眠於此，難道這是冥冥中老天的安排嗎？

喇鉻溥

1996 年第一次造訪地中海時，因為人的因素，印象極為不好，所以旋即放棄逗留而轉往它處。數年後的 2003 年，我從東地中海來到阿浪亞（Alanya），然後繼續西行停留在馬納夫尬特（Manavgat），下榻於河流邊新開的特色旅館。老闆是位年輕的土耳其人、太太是荷蘭人，夫妻倆在老家的土地上蓋屋經營小旅館。隔日老闆有位來自西得（Side）的朋友水馬（Suat）先生來訪，他們邀我一起喝茶聊天，那愛說笑話的水馬先生一直逗得大家笑聲連連，在得知我訂不到西得的古典旅館後，熱心地幫我聯絡其他旅館。

次日老闆特別開車送我和水馬去西得，到旅館後我向水馬致謝並道再見，然後就出門逛街觀光。走著走著就來到一直訂不到的那間特色旅館劇場（Odeon），管理員讓我看完房間後端茶過來，讓我坐在舒服的花園裡一邊喝茶 邊聊天，他提到主人喇鉻溥（Ragıp）先生是西得市府的文化局長也是建築師和考古學家，我直覺這號人物應該可以給我不少資訊，於是我就一直等到他下班回來。正當我和他彼此介紹並正翻看我的第一本書時，水馬來電告訴他，要引見一位來自台灣的文化人（真謝謝他稱我為文化人），他笑說：「啊！這位女子就坐在我對面！」

西得市區是個非常小的地方，古蹟就在市內，為了保護古蹟，市內不能行駛汽車，喇鉻溥的辦公室就位於入口處，所以我每天晃遊回來時，習慣到他辦公室報到，等他下班一起走到海邊喝茶，一邊看夕陽一邊上課，

聽他講解地中海龐非利亞（Pamphylia）和利西亞（Lycia）的兩個文明。

　　隔年我特別選在一年一度的國際文化節回西得，同時也下榻於喇鉻溥的古典旅館。每天早上那裡的 morning call 是穿越花園至房間的古典音樂，有時用完早餐後，我會跟著喇鉻溥到四處的古蹟照相並且賴他教我攝影技巧。外型帥氣舉止優雅的他，不但擁有非常淵博的學識，他對建築和考古方面的專精，也是人人誇讚，雖然個性內斂，但對朋友倒真是推心置腹。

　　由於他的文化局長身分，使我也能跟著享有特權，得以觀賞文化節表演節目的彩排。最難忘的一晚是在星空下，我一人獨坐在兩千年的古劇場中間，聆聽蘇俄的女子小提琴樂團演奏，那一首又一首的「Secret Garden」令我沉醉其中而忘了置身何處。後來我也介紹好友芭德（Bade）和他認識，大夥總是相談甚歡，接著連續三年我和芭德都特別來參與文化節。

　　沒多久喇鉻溥的市府團隊競選失利，改朝換代之後他失去官位，我和芭德都去陪他度過非常時期，他也因為沒有公務纏身，才能陪我們四處遊玩：像去阿斯翩朵斯（Aspendos）古劇場看歌劇、法協利思（Phaselis）

古劇場聽爵士樂、看利西亞古蹟等等……我和他後來熟到彼此暱稱他是「老石頭」，因為他喜歡古蹟的石頭；而我是「旅者」，因為我喜歡到處旅行。他也喜歡蔡琴、鄧麗君和中國國樂，也讀老子，那年莎拉布萊曼的《Time to Say Goodbye》出片時，我特別買了 CD 送他，

他高興得直說超喜歡這首主打歌，不知為何當時我的心裡就是有點發毛。

2012 年 4 月 1 日接到芭德的簡訊，聽說喇鉻溥已離世，但尚待證實。我不敢相信，暗中祈求著但願這只是愚人節的惡作劇罷了。隨即我用冷汗濡濕的手發了簡訊給喇鉻溥：「老石頭，你好嗎？」誰知馬上收到他兒子的回答：「爸爸已經埋在土裡了！」據西得的朋友說他是因感冒引起肺炎不治，這突然傳來的噩耗讓大家很錯愕也很惋惜！

唉！老石頭呀！記得嗎？有一年我在地中海時氣喘發作，痛苦到必須馬上回台灣治療，那時你要我快到西得去，說地中海的氣候比較適合我的病，還說要幫我調養呢，天知道我聽了有多窩心！現在你卻沒聲沒息的走了，連最後一面都沒讓我見到……知道嗎？當年的 2 月時我從愛琴海打電話給你，沒人接聽也沒回電，直到一個禮拜後才接到你的電話，當時我心裡還在嘀咕，怎麼回事？後來才想通原來那時你已經生病了，但你卻不願意告訴我，不想讓我擔憂。相交 10 年來，你的貼心總是讓我感到溫暖，每次回土耳其時，你一定對我說「第二祖國歡迎妳」，而我也習慣和你分享旅途中的點點滴滴。如今再也沒有人張開手臂迎接我，也沒有人和我共享種種的新發現，幸好我的第三本書有你精采的序文，如今重新讀來，感觸萬千，現在我只能說：「老石頭，我會永遠懷念你！」

Ⅱ
土耳其
旅行札記

01. 「第一」和「最多」的省分
巴勒克西額（Balıkesir）

　　巴勒克西額（Balıkesir）省府出版的有關各地區的介紹簡冊，土、英並茂，內容堪稱全國最精采豐富，書中稱巴勒克西額省是土國集「第一」和「最多」的省分，也是第一個發展觀光的省分。我邊翻閱著邊納悶，土外人士趨之若鶩的度假勝地，不是南部地中海的安塔利亞（Antalya）、飛提葉（Fethiye）、馬馬里斯（Marmaris），西部愛琴海的庫夏達舍（Kuşadası）、玻德潤（Bodrum）嗎？後來直到我造訪了省內的馬爾馬拉島（Marmara Adası）、欸額德克（Erdek）、奧特歐陸克（Altınoluk）、欸得雷密特（Edremit）、歐瑞（Ören）、艾瓦勒克（Ayvalık）⋯⋯等地之後，才大大地恍然大悟！

　　巴勒克西額省同時擁有**馬爾馬拉海**（Sea of Marmara）和**愛琴海**，省內畜牧業很發達，因此肉類和乳製品聞名土國，一般超級市場貨架上的著名產品都源自於此。**喀日山**（Kazdağları）下種植了數不清的橄欖樹，所以也生產高品質的橄欖油，還有遍佈省內的溫泉和潔淨的海灘，因此終年遊客不斷。這裡算是土國集健康、美食、自然和歷史文化大成的重要省分。

　　巴勒克西額省對我而言，原本是全然陌生的地方，每次搭車往返於伊斯坦堡和回家的途中，都會經過它的內陸，沿路上一些溫泉旅館的廣告總是吸引著我的目光，於是我選擇先進入與省府也是同名的巴勒克西額市，並下榻於**頓路匹那**（Dumlupınar）區的**教師會館**。

夏德望泉水亭

鐘樓

建於十九世紀的火車站

在省城觀光是很令人愉悅的經驗，因為古蹟、博物館和生活機能等都聚集在市中心。我先參觀位於教師會館旁的**庫瓦伊博物館**（Kuva-yi Milliye Müzesi），這個博物館建於 1840 年，曾經是一位帕夏（鄂圖曼土耳其大官的尊稱）的宅邸，1919 年 5 月 16 日市民聚集於此，成立地下反抗軍並且加入獨立戰爭，是西部地區對抗希臘的主要軍事中心，1998 年改為博物館。樓下有和國父本人一般栩栩如生的蠟像，二樓是各地區出土的古器物和詳盡的圖片說明，我仔細的研究後，順手記下了遺址的名稱，以便前往實地一探究竟，也因而開啟了我對巴勒克西額省的視野。

博物館附近的**鐘樓**（Saat Kulesi）是 19 世紀初時，曾仿效伊斯坦堡的嘎拉它塔（Galata Tower）所建，現今留存下來的則是 19 世紀末因地震倒塌後再重建的形式。另一個建於 20 世紀初的**夏德望**（Şadırvan）泉水亭也很值得參觀，有個洋蔥形的圓頂和粉紅花崗岩的柱子，外觀很特別。

市區內也曾經有不少老房屋，但 19 世紀末的地震加上 1950 年的一場大火，將之破壞得所剩不多，現僅**埃苟瑞**（Aygören）和**卡拉歐朗**（Karaoğlan）兩區仍然留存一些有鄂圖曼時期的老屋，像土國第一

上：庫瓦伊博物館外的雕塑　下：洗盡鉛華的老屋

也是唯一的**國立照相博物館**（Balıkesir Ulusal Fotoğraf Müzesi）就是一棟老宅邸，展出品除了相片、海報、相關藏書外，還有收藏各種品牌和機型的相機。

札諾斯（Zağnos Paşa Camii）清真寺曾經是市區內最宏偉、最大、最具代表鄂圖曼的複合式建築，規模包括有清真寺、土耳其浴室、墳墓、學校、瞭望台和有頂市集，現今僅存清真寺和土耳其浴室，逢週末時不定期會有善心人士請餐廳準備食物發放。另一間**懿德惹清真寺**（Yıldırım Camii），當地人稱老清真寺，和札諾斯清真寺都是建於15世紀。

火車站外繁忙的**密利庫威特勒街**（Milli Kuvvetler Cad.）上，新舊房子交錯，也有不少已經經營多年的旅館，我喜歡漫遊在這條街道和**綠色清真寺**（Yeşilli Camii）附近，巷弄間有老土耳其浴室、清真寺和老商場等，不少美味的餐廳也聚集在周邊，既然到了城裡一定要嚐嚐此地特有的甜點「**后旭美寧**（höşmerim）」，后旭美寧很甜但是加上頂級**奶油凱馬克**（kaymak）後美味無比，現今市面上雖然發展出各種口味，但個人覺得唯有原味最具乳香且百吃不厭，有間叫**札滿**（Zaman）的專賣店生意最好，品質最佳。

市區街上常常看見耳朵有記號的流浪狗大剌剌地睡在路上或商店門口，有的商家還會在地上放毯子給狗取暖，路旁也有準備水和狗乾糧，難怪這些狗對我給的雞蛋不屑一顧。但似乎是食物太充足了，每隻狗都是胖子，不過由此可見巴勒克西額城的人都極富愛心。

巴勒克西額省也是土國境內溫泉最多最發達的省分，令我興高采烈地四處探訪，像巴利亞（Balya Ilıca）離市區較遠；**暑暑路克**（Susurluk Kepekler）的溫泉池裡有綠藻，可說獨樹一格，可惜房間離溫泉池遠了些，它和沈德各（Sındırgı）的**欸曼德瑞**（Emendere）都沒有公車可至，現

在位於沈德各和西馬福（Simav）的山路上，新開
了一家五星級的**歐傍**（Obam）**溫泉旅館**，倒是不
錯的住宿地點。

檸檬古龍水

　　沈德各以各種含有酒精成分的古龍水出名，
有檸檬和其他天然植物的香味，在土耳其是日常
生活中不可或缺的東西。客人來訪時，主人會先
把古龍水倒在客人的雙手，再端上糖果表示歡迎
來客；搭長途巴士時服務員會給乘客一一倒古龍水，可消毒又有香味，出
門在外不小心受傷也可用它代替酒精消毒。

　　在巴士總站搭上前往**比嘎帝去**（Bigadiç）的小巴士，先向司機確認
我要去的西薩擴一（Hisarköy）溫泉，巴士於進入市區前停下，我抬頭一
看正是在高速公路上看到的**希拉**（Hera）**溫泉旅館**，我立馬下車，司機忙
搖頭說這裡不是西薩擴一，我告訴司機我是溫泉旅館的探索者，我正想去
瞧瞧狀況。希拉的房間像公寓，廚房電氣設備一應俱全。之後繼續探訪西
薩擴一，可惜溫泉池離房間太遠了。

　　在市中心火車站前搭上公車前往 15 公里外的**帕慕克秋**（Pamukçu），

山中的歐傍室外溫泉池

市府經營的**協黛芙內**（Sedefne）**溫
泉旅館**有小巴士到市區接送，我很
快來到協黛芙內，換好泳裝就跳進
空無一人的室外溫泉池，沒想到池
水凍得我發抖，我不由分說地就彈
跳而出，可能春、秋才是比較適合
的氣候吧！隔年我選擇下榻另一家
五星級的**阿細亞**（Asya）**溫泉旅**

左：現代與古老房屋交錯　右上：土耳其浴室　右下：沈德各街景

　館，協黛芙內的小巴士很大方地載我至途中的阿細亞，我很喜歡這裡的室內和室外溫泉池，遇到下雪時還可邊泡湯邊賞雪。

　　庫特德瑞利（Kurtdereli）村是繼欸帝額內（Edirne）之後，土國第二大的油脂摔角比賽的地方，於七月的第二個禮拜舉行，村名是以來自巴勒克西額聞名於世的摔角手庫特德瑞利之名所訂，以紀念他傲人的佳績和榮耀。

國立照相博物館（**Balıkesir Ulusal Fotoğraf Müzesi**）Dumlupınar Mah. Ulus Sk. No.3。
Tel：0266-2491149

Θ2. 恬靜悠閒的出走
馬爾馬拉島（Marmara Adası）

伊斯坦堡南部的馬爾馬拉海上，除了較近的王子島外，還有西南方靠近欸額德克（Erdek）的 3 個大島：馬爾馬拉島（Marmara Adası）、阿夫夏島（Avşa Adası）、帕夏利曼島（Paşalimanı Adası）和其他九個小島，其中以馬爾馬拉島和阿夫夏島最受遊客青睞。馬爾馬拉島的大理石海灘圖片，和地圖上有個紅酒杯標誌的阿夫夏島一直引起我的注意，終於在 2 月中一個又冷又溼的日子裡，我從欸額德克搭上船想先探看阿夫夏，船一靠岸我問也沒問清楚就下船，然後一直錯誤地搭上小巴士再轉回碼頭，途中並未

方便的交通船

看到葡萄園，從前這裡盛產的黑色葡萄已幾乎消失，在碼頭旁唯一的簡餐店等船，和老闆梅汀（Metin）閒聊下才知道原來這裡是繼馬爾馬拉島之後的第二大帕夏利曼島，可惜我沒時間再轉去阿夫夏了。

　　同年 8 月底我從伊斯坦堡搭船至馬爾馬拉島，第一站很多人下船，我又誤以為是馬爾馬拉島，服務人員說這是**阿夫夏島**，碼頭附近是綿長的沙灘、滿坑滿谷弄潮的人以及櫛比鱗次的旅館，海邊淨是酒吧和音樂大放送。有些伊斯坦堡的年輕人在週末搭上晚班船來阿夫夏島，徹夜喝酒狂歡然後就直接睡在沙灘上過夜，隔天再搭晚班船回伊堡，如此就可向親友們炫耀來過阿夫夏島朝聖了。隔年 2 月我決定親眼見證阿夫夏島，於是再度專程前往，沒想到在船上碰見要回帕夏利曼的梅汀，他沒來由地堅持要請我喝熱茶。冬天是淡季，旅館幾乎全歇業，有營業開門的沒有熱水，最後

夕陽下的寧靜海灘

總算找到一家有熱水但是價錢卻不便宜的旅館。街上的貓、狗比人多，這裡像個死城似地，又被一位腦袋不正常的瘋子跟纏，我告訴所有的朋友，阿夫夏是土國最無趣的地方，反倒是馬爾馬拉島吸引我一次次地再回去。

適合安安靜靜吃海鮮的馬爾馬拉島

馬爾馬拉島是馬爾馬拉海最大的島，也是土耳其的第二大島，最早名叫「鹿島」，之後叫波羅口內索斯（Prokonnessos），馬爾馬拉之名源自希臘文，意思是大理石，它不像其他地區有許多來自其他省分的外地人，本地人誇耀地說市區的居民都互相認識，門窗可以不必上鎖，當阿夫夏充滿嘈雜的音樂和狂歡的年輕人時，更顯得馬爾馬拉島的悠閒恬靜，島上除了橄欖樹、葡萄等蔬果農作物還有漁業，最重要的是大理石礦產。

最早來島上定居的是來自愛琴海西南的米勒妥斯（Miletus）人、海上

的殖民和 15 世紀初的土耳其人，羅馬時代早期的基督徒被放逐來此地，之後的拜占庭時僧侶來此定居。島上的居民大多數是希臘人，幾世紀以來和土耳其人生活在一起，1923 年土希互換居民時希臘人回到自己的國家，黑海地區的人和克里特島的土耳其人來島上定居。

　　碼頭附近的市中心有旅館、茶館、餐廳……等，生活機能很方便，市中心一邊的盡頭有家經營 20 多年位於岩石上的旅館，旅館雖老舊但景觀

上：軟嫩的炸透抽　下：淡菜填飯和炸淡菜

不知芳齡多少的巨大篠懸木

絕佳，走下陡峭的階梯就是海灘；反方向較遠的另一邊是位於橄欖樹林中，有自己海灘的旅館。在馬爾馬拉島是一定要大啖海鮮，炎炎夏日悠哉地坐在海邊吃烤魚、炸透抽、炸淡菜好不愜意。我自從吃過這裡肥美的炸淡菜後，就再也不吃伊斯坦堡那瘦不拉嘰營養不良的淡菜了。

啟納樂（Çınarlı Köyü）是馬爾馬拉島西北方的小村莊，以百年樹齡的篠懸木啟納（Çınar）著稱，人們在高大的篠懸木樹下悠閒地喝茶聊天，清澈的海水和沙灘也吸引都市人來此度假，傍晚時在碼頭旁看見有一班船坐的都是包頭巾的女人，原來這是特別航至專供女性游泳的海灘。土國有販售專門的長袖上衣和長褲的游泳衣著，因此包頭巾的女性穆斯林也可以享受戲水的樂趣。小村莊除了民宿只有一家退休船長經營的 Viking Motel ve Restaurant，船長還曾經跟船到過我們高雄呢。

大理石礦廠與露天雕像博物館

我一直念念不忘那張大理石海灘圖片，搭上前往砂來拉（Saraylar）的小巴士，途中經過**托普阿阿去村**（Topağaç Köyü），感覺這裡的景象有別於其他的村子，比較綠意盎然，原來這裡提供島上主要的蔬果農產品，小村子還有個美麗的海灣，雖然只有民宿但也是夏天都市人度假的勝地。

當窗外出現一山又一山的大理石礦廠，就是位於東北部聞名的採石場砂來拉，港邊完善設備的碼頭使得船隻便利運送大理石至國內外，碼頭邊是各種形狀的大理石雕像，簡直就是個「露天雕像展覽館」，岸邊的桌子、椅子……等都是大理石，大概反正是此地盛產就物盡其用吧。根據考古學家說，砂來拉的大理石礦產開始於 2500 年前，米勒妥斯的移民在此發現豐富的大理石礦床並且開採，從古代至今許多富麗堂皇的房子和紀念的古蹟都是用砂來拉的原石，好的大理石吸水率不能過高，馬爾馬拉島是世上僅有的兩個「零濕度」的島嶼之一，因此出產幾近 95% 純度的大理石聞名國際。

古代七大奇蹟的阿緹米斯神廟（Temple of Artemis）的柱子、毛守路斯（Mausolos）的皇宮都使用這裡的大理石，大理石礦業從西元 2-3 世紀的羅馬時代持續至今，豐富的礦產一直吸引著羅馬和拜占庭帝國，砂來拉是羅馬時代最重要的生產供應地和手工中心，使用波羅口內索斯大理石是聲望和奢華的代表；拜占庭時期許多伊斯坦堡的重建、教堂的石柱和修道院的建築也是大量使用波羅口內索斯大理石；1453 年鄂圖曼帝國攻克伊斯坦堡後，在砂來拉僱用許多工人，很多清真寺和大宅邸的大理石都是來自這裡，現今這個天然資源仍然是島上最重要的出口產品。

一直夢想優游於那個大理石海灘，就在我二度專程造訪砂來拉後謎

舉目所見盡是大理石

底揭曉，我的美夢徹底破碎，原來那裡只是個位於海邊的廢棄的老舊大理石工廠！

馬爾馬拉雖然是海中的島嶼，但是和本土聯繫的船運很方便，從伊斯坦堡、欽額德克和特克達（Tekirdağ）的巴巴羅斯（Barbaros）都有定期的船行駛至馬爾馬拉島：
伊斯坦堡 - 阿夫夏（Avşa）、馬爾馬拉（Marmara）。電話：4444436 ido.com.tr
欽額德克（Erdek）─帕夏利曼（Paşalimani）、阿夫夏（Avşa）、馬爾馬拉（Marmara）。Gestaş Deniz 電話：0286-4440752
巴巴羅斯（Barbaros）─砂來拉（Saraylar）、啟納樂（Çınarlı）、馬爾馬拉（Marmara）、欽額德克（Erdek）。電話：05419508822
欽額德克（Erdek）─砂來拉（Saraylar）、馬爾馬拉（Marmara）、啟納樂（Çınarlı）、巴巴羅斯（Barbaros）。電話：05419508820
馬爾馬拉（Marmara）─啟納樂（Çınarlı）、巴巴羅斯（Barbaros）、欽額德克（Erdek）。電話：05300421841

Ө3. 輝煌古城
歘額德克（Erdek）

歘額德克位於馬爾馬拉海（Marmara Sea）南部，三角形的卡坡山（Kapıdağ）下的半島海邊，卡坡山尚未開發仍然保持自然原貌，歘額德克距離伊斯坦堡較近，夏季時**伊斯坦堡海上巴士 İDO** 有定期方便的船往返兩地，行程僅三個鐘頭，不論是直航或是從邦德馬（Bandırma）轉接都很方便，在二、三十年前早已是土國聞名的海邊旅遊中心之一了，據說土國第一任的旅遊部長就是來自歘額德克。**橄欖走廊**（Zeytin Koridoru）是2023 年土國文化旅遊部的七個主題旅遊發展走廊之一，包括馬爾馬拉海南部五個城市連結至西部恰那克卡勒（Canakkale）的歘日內（Ezine），將發展成既健康又是美食的重要地，使用的是這些地區的天然植物、香草、橄欖、橄欖油、葡萄……等。歷史上歘額德克稱作阿塔克（Artake），阿塔克是古代城市克日寇斯（Kyzikos）傳說中的王國之一。

克日寇斯遺址位於邦德馬和歘額德克之間，在卡帕山下的平原上，現今居民仍然居住在古蹟周圍。最早居住在克日寇斯的是古希臘的多利士（Doris）人，國王叫克日寇斯。根據希臘神話：詹森率領阿哥艦東取金羊毛，在進入黑海前曾短暫停留克日寇斯，國王不但熱情地招待並為他們準備糧食物資等補給品，沒想到阿哥艦啟航後遇到暴風雨只好回航，國王想不透他們為什麼會在黑夜中返回，於是雙方因誤會而大動干戈，國王還因此喪生，此地遂以國王的名字命名作為紀念。

之後西元前 8 世紀愛琴海的愛奧尼亞（Ionia）城邦最重要的米勒妥

船上餐廳

克日寇斯的哈德連廟

斯（Miletos）人北上來此殖民，西元前 4 世紀宣佈獨立統治了阿塔克和卡坡山，城市發展北至欵額德克，南至邦德馬海灣，也是馬爾馬拉海岸最早殖民的地方，以港口、神廟、劇院、酒、橄欖油、大理石和香水聞名，成為重要的貿易中心，也是此區的首都，方圓大到 25 公里遠大於艾菲索斯（Ephesus）。泛希臘、羅馬時代是其黃金年代，建築和藝術到達顛峰，尤其是雕刻部分，像愛琴海地區的艾菲索斯、米勒妥斯、北嘎馬（Bergama）、首凱（Soke）等地，許多神廟的柱頭就是來自克日寇斯建築師的傑作。

　　這個曾經是輝煌的文明古城有環繞全城的城牆、城門、市政廳、3 個商場、劇場、羅馬浴場、神廟……等等，其中最重要的是**哈德連廟**（Hadrian Temple），有根石柱上的柱頭最近才出土，從近乎兩個人高的莨苕葉柱頭就可見證其宏偉，這裡在西元 6 世紀慘遭地震，居民被迫棄城移居至欵額德克，之後漸漸地失去其地位成為外圍的小村莊。自然災害和人類的破壞，如今巨大的大理石散落滿地，從大理石的裝飾和牆的橫飾，處處顯示著行家雕刻的技巧，有許多既像老虎又像牛的臉龐雕刻，令人印象深刻。來自東部欵爾柱如姆（Erzurum）大學的師生考古學家們正在發掘，相信未來出土後將會使人們驚豔。

　　多年前曾聽一位朋友的親戚嘲笑著描述他在欵額德克游泳的經驗，

橄欖樹島

那個不好的評語令我有先入為主的感覺，一點也不想探訪，2012年的冬天從邦德馬來到欬額德克，我是意興闌珊地從巴士總站走到碼頭附近虛晃一番，然後臨時起意搭上**給史踏旭**（Gestaş Deniz）的交通船到馬爾馬拉島，結果陰錯陽差馬爾馬拉島沒去成而折返回來，直到同年的夏天我再次探訪，才看到真正生氣蓬勃的欬額德克。

　　每次船入港時**橄欖樹島**（Zeytinli Ada）總是先映入眼簾，橄欖樹島因為島上有兩棵橄欖樹而得名，位於碼頭旁沒有陸地銜接的海中，2006年開始挖掘整理中尚未對外開放，2010年被分類為考古學的公園。我特別到市府求得准許，隨著市府秘書搭上小船前往一探究竟，小小的島上歷史遺跡遠自西元前五百年，歷經佛里幾亞（Phrygian）、羅馬和拜占庭時代，有禮拜堂、施洗禮池、傳道士的住所……等，還有傳說中可治療眼疾的泉水，保存完整的十字形施洗禮池是由整塊大理石原石雕成，橄欖樹島現已是欬額德克的表徵。

　　欬額德克市區沿著欬額德克海灣，碼頭的左邊往共和廣場是生活機能中心，2015年新開的小旅館、公家機關、超市、餐廳、糕餅店、商店……等等全都聚集於此，再往前略行即可見到連綿數公里的**丘拉海灘**

上：烤魚配 Roka 生菜與配洋蔥一樣美味　下：馬爾馬拉海浪漫的夕陽

（Çuğra Plaji），這裡是欵額德克市區最熱鬧的地方，海灘旁馬路兩側是高大的大王椰子樹，樹下的行路是限時禁止車輛入內，清晨和黃昏有很多人在海邊散步、慢跑和騎單車，沿著海邊是櫛比鱗次的旅館，每家旅館都在沙灘上放置遮陽傘和躺椅，這些旅館都已經有二、三十年之久，可惜旅館大都老舊沒有翻新，因為旺季只有短短的 2 到 3 個月。

反方向的另一邊是**庫巴阿勒海灘**（Kurbağalı Plaji），這邊都是公寓住家比較寧靜，據說在海灘盡頭的**協易特山丘**（Seyit Gazi）上，可俯瞰欵額德克的全景，那兒還有不少迪斯可俱樂部和酒吧。

我習慣下榻在丘拉海灘的**黑林**（Helin）**旅館**，櫃台小姐親切，每一層樓的 2 號和 3 號房間的視野最佳，兩片大落地窗外是馬爾馬拉海，滿月時月光灑在平靜的海上，景象美得令人不捨入眠。

有一天正在游泳時突然發現四周都是水母，嚇得我大聲尖叫，旁邊的當地人說不用害怕，這種天氣太熱時會飄到岸邊的水母沒有毒也不會傷人，我聽了馬上興奮起來，但還是有些害怕和牠們共游。隔年七月的盛夏又遇見大批水母，這次我可是大膽地輕輕捧起各種大大小小透明的水母賞玩，有的如指甲片大、巴掌大、有的必須雙手才可以捧住，牠們感覺像果凍一

左：黑林旅館外的海灘　右：沒有毒的水母

丘拉海灘

般滑嫩，怪不得水母的英文會叫果凍魚（jellyfish），真是既貼切又好記。

　　有一天我特別拜託朋友伊訪（Irfan）開車載我前往卡坡山東半部，一路上路況很差人煙稀少，或許就是因為如此遲未開發才能保持原貌。夏天時我自己搭上小巴士探訪西半部，**歐賈克拉**（Ocaklar）是另一個極受歡迎的海邊度假勝地，離欽額德克僅 6 公里，海邊也是民宿旅館林立。隔天我又隨意搭上小巴士前往西北部的**兜昂拉**（Doğanlar），車子上山又下山迂迴曲折，但倒是一段景色極佳的旅程，中途司機還好心地指點我最美的海灣風景，不料沒多久轉個彎竟然出現看似從半山往海邊傾倒的垃圾山，落差很大呢！當我和地方首長見面時提及此事，並且要給他看照片時，他

不好意思並嚇得忙搖手說不用了。

　　有天中午正在碼頭附近用餐時，突然有位東方臉孔的女士興奮地和我打招呼，這裡鮮少有外國觀光客，她是名叫阿雅蔻（Ayako）的日本人，從網路上認識先生遂遠嫁至邦德馬，她幾乎不會土語只可說簡單的英語，有時以筆和紙畫圖溝通，她曾造訪過台北，非常喜歡和懷念，現長年身處異鄉難免寂寞，所以發現我的時候非常興奮。隔年冬末我和夫妻倆約在邦德馬相見，特別分送她一些日本米果和泡麵，她高興得整個人都亮起來了。她是個標準的日本妞兒，非常怕曬黑，夏天時看到她一身保護裝備活像個怪胎：戴帽子、著手套、身穿長袖長褲，上妝的臉幾乎都被磨花掉。我跟她很投緣，也最了解思鄉人的無奈，同年夏天因為有姪女們同行，我帶了一大袋補給品送她，夫妻倆感動得熱淚盈眶，隔天特地帶來一顆親戚家自己種的有機大西瓜，可惜一點也不甜，實在是食之無味，姪女們看我一副沒趣的樣子，馬上提醒我這是人家的心意，還是特別從邦德馬送過來的喔！於是我們一口氣全部吃光它，一點也沒浪費。

　　醃漬橄欖（在土耳其稱作桌上橄欖）和橄欖油也是歆額德克主要的經濟，巴士總站至碼頭的街上有許多專賣店，來此度假或路過的人都會採購些自用和當伴手禮。市區的餐廳物美價廉，各種新鮮的海產，多以羅卡（roka，類似芝麻葉）或生洋蔥搭配食用，尤其以卡坡山出產的紅色洋蔥最是甜美，土國沒產生薑，所以不會像我們用生薑烹煮海產。

　　我是沒想到我會從一開始興趣缺缺，到後來愛上這個離伊斯坦堡最近的充滿陽光、沙灘、美食和自然景觀的度假勝地。

---

ido 電話 4444436 ido.com.tr
Gestaş Deniz 船運 0286-4440752
市集 星期一

θ4.硝煙盡處的鳥天堂與治癒溫泉
邦德馬（Bandırma）

　　邦德馬曾經叫帕諾莫斯（Panormos），意思是堅固的港口，因為其重要的戰略地理位置，軍事上是必爭之地。1874 年的大火幾乎將整座城市燒成灰燼，但是很快又復甦起來，第一次世界大戰時邦德馬轉運部隊和物資至恰那克卡雷（Çanakkale），封鎖達達尼爾海峽，現今在國家安全上佔有極關鍵的位置。由於幾乎是土國最靠近瑟雷斯和愛琴海地區，因此這裡有個非常重要的空軍基地，經常可看見 F 戰鬥機從高空上呼嘯而過。

　　從伊斯坦堡的耶尼卡頗（YeniKapı）、卡得擴以（Kadıköy）、玻史倘吉（Bostancı），都有 İDO **快船**穿越馬爾馬拉海費時兩個鐘頭直達邦德馬，不需像公路一般繞道很節省時間，這個海港城市依山建築，工業和商業活絡，是個轉口港、轉車站。

　　幾百年來從事農務的土耳其人、經商貿易的亞美尼亞人和希臘人一起和平地在此生活，直到 1920 年 7 月被希軍佔領，彼此開始懷有敵意，之後希臘人恐怕土耳其軍隊在安納托利亞節節戰勝，意識到不宜再繼續居留邦德馬，遂集合老少男丁預備搭上等在欬額德克（Erdek）的船逃亡，不料這些無辜的老百姓都被炸死，之後兩軍交戰於星月山丘（Ayyıldız Tepe），土軍死傷慘重，當時的戰場也就是如今紀念「最終子彈」的地方。邦德馬的勝利特別有其意義，獨立戰爭最後的戰場和最後一顆子彈就在星月山丘劃下句點！

　　土俄戰爭後住在克里米亞和羅馬尼亞的韃靼人遷移至此地，大批人口的增加讓邦德馬的復甦加快。難怪碼頭對街是一家家賣**芒特**（mantı）迷

上：港口仍可見歷史悠久的老房子　下：港邊的婚禮大樓

左：芒特（mantı）迷你水餃和奇波瑞克（çiğ böreği）油炸薄皮大餡餅
右：新朋友阿雅蔻與她的先生

你水餃和奇波瑞克（çiğ böreği）油炸包絞肉和起司的薄皮大餡餅店，偶爾還會碰見和我一般容顏的韃靼人。我覺得這兩種麵食源自中原，經韃靼人傳至土耳其。

　　農業是邦德馬的重要經濟，除了柑橘外，這裡幾乎可種植各種農產品，65% 的土地是耕作地。獨立共和之後工業和商業開始發展，1970 年港口的開發是邦德馬工業發展最重要的角色，1980 年之後更是迅速成長，主要的農業在村莊，工業設施則分佈在市區，肥料、麵粉、飼料、棉籽、米、蔬菜油、飼養雞、燒烤雞、雞蛋、番茄糊、冷凍海產、大理石以及石材製造等國營公司紛紛設立，工廠幾乎是根據鄰近農業原物料而設，同時這裡也是土國最重要的「硼砂」加工和精製的地方。

　　邦德馬港是馬爾馬拉海繼伊斯坦堡之後的第二大港，完善的港口設備可同時停靠 15 艘兩萬噸的船，2011 年開始承攬貨櫃商務，附近地區的進出口貿易由此轉運，是馬爾馬拉地區的入口。同時也開始發展風力發電和天然瓦斯，期望成為一個自然、友善和乾淨的能源製造城市。除了海運，碼頭附近的火車鐵路是 1911 年由法、德所建，每天固定車班往省城巴勒克西爾（Balıkesir）和伊茲密額（İzmir）。

　　位於欽額毅利（Ergili）村的達士克利恩（Daskyleion）是古代最重要的居留地，是西元前 7 世紀由利底亞國王達士克洛斯（Daskylos）所建，

小巴司機交代同車的小朋友帶我去找守衛魯特夫（Lutfü），結果他陪我走了近2公里的泥巴路才到達這個亞歷山大大帝一直想征服的波斯太守統治中心。西元前4到5世紀是太守統治的黃金時代，波斯帝國想建一個安納托利亞通往西方的門戶城市，因此選定滿亞史鳥湖東南方的西薩（Hisartepe）山丘，因為附近周圍是肥沃的土地和豐富的鳥類、動物和魚類，有取之不盡用之不竭的物產，同時也是最理想監控瑟雷斯、海峽、馬爾馬拉海、黑海和佛里幾亞的交叉點。

　　佛里幾亞和利底亞文明已出土，另外包含波斯、西台、泛希臘、羅馬和拜占庭等，城牆和房屋的建築技術是六個不同朝代的範例。寒風中廣大的山丘只見城牆和入口道路，考古挖掘真是一條漫漫的長路啊。

航行於邦德馬和伊斯坦堡的 IDO 交通船

美麗的縫衣針刺繡

1959 年公告的**鳥天堂國家公園**（Kuş Cenneti Milli Parkı）是土國最小的國家公園，因為保持良好，多次被歐洲議會評定為「A 級」，一共有 266 種鳥類、118 種植物和 23 種魚類，所以多種類的生物、自然生活、生態平衡的保存和持續非常重要。其中有 66 種鳥兒每年都會於固定時間來此築巢孕育下一代，遷徙的鳥群在此地停留休息、進食，然後繼續牠們長途旅程，停留時間也因種類而長短不同。

從 1987 年開始每年 6 月初舉行為期 5 天的**邦德馬國際鳥天堂和旅遊節**（Uluslararası Bandırma Kuşcenneti Kültür Ve Turizm Festivali），介紹鳥天堂國家公園，並呼籲大家重視環境污染和保護，市府有專車巴士前往公園。

苟內（Gönen）以溫泉治療聞名，巴士總站後是高聳樹林的公園，穿過公園就是溫泉旅館，許多土耳其部落於 19 世紀末土俄戰爭後，從巴爾幹和高加索移民至此地，在興建溫泉旅館前出土的馬賽克、柱頭、錢幣等，證實苟內於西元前就有殖民，布爾薩的國王曾來苟內泡泉治療疾病。飯店經理不斷強調苟內溫泉的療效特別，只是十多年來旅館並未翻修，但價位和其他新建的溫泉治療旅館卻有得比。

除了市區的溫泉還有位於 15 公里外山上的**欸克旭得瑞**（Ekşidere Dağ Kaplıcası）**溫泉**，根據分析這裡可洗可飲的泉水含有 23 種礦物質，不但有益健康還可恢復青春，可惜我待不了多久無法馬上恢復青春。

苟內以**縫衣針刺繡和編織**（İgne oyası）如蕾絲的花邊、杯墊、桌

墊……等聞名，美麗又價錢合宜，除了街上有商店販賣，每個禮拜二還有專賣的市集。

　　有本旅遊書曾經寫到邦德馬只是個工業城市沒甚麼看頭，我可不以為然，反而以邦德馬為定點去探索，像由此出發去苟內和欵額德克就非常方便。我雖然沒有參加國際鳥天堂和旅遊節，但在**達士克利恩**看見鳥湖豐沛的水資源，有像桌子一般立在湖中提供鳥兒棲息的設置；到**滿亞史**（Manyas）探訪溫泉，除了有廚房設備的溫泉旅館還有獨棟的兩層樓木屋，屋內電器用品和家具非常齊全，很適合舉家度假。

　　碼頭附近就有多家旅館，共和廣場旁的餐廳美味價位比伊斯坦堡便宜，上船前我一定會買自用和送禮兩相宜的滿亞史美味起司，老闆娘滿意的讚美我是內行人。市政府在碼頭另一邊的海邊廣場公園蓋有木屋，提供流浪貓住處和乾糧，真是個有愛心的友善城市。

滿亞史的溫泉木屋旅館

θ5. 散步在歷史之間
欸得雷密特（Edremit）

　　欸得雷密特海灣（The Gulf of Edremit）位於土耳其西部的愛琴海，海灣的陸地延伸至喀日山脈（Kazdağları）和馬得拉山（Madra），是海洋和綠林擁抱的地方，喀日山古代名為**伊達山**（Ida Dağ），是孕育野生動物的母親，有數不清的淨泉，空氣中豐富的含氧量是繼歐洲阿爾卑斯山之後，結合海上吹來含碘的空氣成就了「氧氣天篷」，因此這裡所生產的頂級橄欖油，不僅在土國著名，也聞名於世界。

　　屬於巴勒克西額（Balıkesir）省的欸得雷密特位於海灣中心點，銜接南與北、內陸和愛琴海，是繁忙公路的轉運站。北上的阿克恰（Akçay）、

沽瑞（Güre）、奧特歐陸克（Altınoluk），和南下的玻史倘吉（Bostancı）、卜哈尼耶—歐瑞（Burhaniye-Ören）、艾瓦勒克（Ayvalık）都是濱海的熱門度假勝地，東邊的是哈夫朗（Havran），這些地方都盛產橄欖，所以欸得雷密特也因此有「橄欖之都」（Zeytin Başkenti）的美譽，是集歷史、山、海、溫泉的勝地。

　　離海岸 10 公里的欸得雷密特是巴勒克西額省最重要的旅遊發展城市之一，轄區內沿海的鄉鎮，乾淨蔚藍的愛琴海、綠色的喀日山和豐沛的溫泉，讓這裡一年四季都是遊覽度假的天堂。不僅如此，從發掘的遺址顯示古代這裡曾經有許多富庶的文明。欸得雷密特市區內尚有歷史性的橄欖油工廠和老宅邸，星期三的**市集（Pazar）**是當地人最重要的一天，供應各式各樣吃、穿、用品……應有盡有。

　　我喜歡和當地人一樣上市集採購，向賣菜的村民們討教、聊天，吃頓美食後，探訪市區內有百年歷史特色的**希臘老宅邸和傳統的鄂圖曼土耳其房子**。有間位於市集中心處一家**近百年的舊橄欖油工廠**一直引起我的注意，多年後巧遇第三代的孫子，他們開始清潔整頓工廠希望能傳承橄欖之都的精神。

　　有人說土耳其境內有上千個溫泉，也有人說有兩千個，但目前有床位旅館設備的大約只有一百多家。在土國旅行時只要有溫泉的地方我一定想辦法一探究竟，20 年來也造訪了近半數，從一般設備到五星級的溫泉旅館都有。如果只是泡溫泉我的心臟會不舒服，所以我需要大池子可以游

橄欖油工廠

泳，既可享受溫泉又可運動，有些溫泉
旅館的泳池是加了氯的水而不是真正的
溫泉，有些泳池離房間很遠必須繞道，
有些溫泉旅館離市區遠又沒有公共巴士
也很不方便。

　　有一天巴士行駛於海灣的路途
中，發現在**玻史尚吉**（Bostancı）路旁
有兩家溫泉旅館，再次經過時特別留
意並記下名字，20年來走遍土國終於

找到這裡的**阿得拉密斯溫泉旅館**（Adramis Termal Hotel）最適合我的需求。旅館門口有大小巴士和共乘計程車，往北往南都很方便。各有一個男女混合的室內和室外泳池、一個女士專用的室內泳池，還有男女錯開時間的土耳其浴室。重視家庭的土耳其人大都是暑假帶小孩度假，所以冬季時旅館較少遊客，常常土耳其浴室和游泳池都只有我一個人，通常我花 30 分鐘游 500 公尺，然後到土耳其浴室清洗，一天游兩次，我的五十肩就是如此康復。

非常巧合的是欸得雷密特附近有玻史倘吉和卡得擴以（Kadıköy），伊斯坦堡亞洲區也有相鄰的玻史倘吉和卡得擴以。每次從內陸搭巴士前往海灣都會經過**哈夫朗**（Havran），馬路兩邊的橄欖樹林和橄欖油工廠，常常引起我的注意，加上旅館的服務員來自哈夫朗，他大力地推薦我一定要去星期五的市集。哈夫朗以農業為主，土地肥沃盛產橄欖、柑橘、石榴……等，市集都是附近村莊的自家農產品，常見婦女或背或抱著小孩站在路中間互相寒暄交談。沒想到生產我進口的橄欖油、橄欖油皂的工廠竟然就在哈夫朗，真是巧緣！

逛完市集我隨興漫步於街上，這個不靠海，幾乎沒有觀光客的內陸小鎮除了有新、舊橄欖油工廠，還有一棟棟 19 世紀的老宅邸，其中紅磚建築的**阿布都拉辛大宅邸**

鄂圖曼時期的老房子

（Hocazade Abdurrahim Bey Konağı），主人是於 20 世紀初來自米帝利（Midilli/Lesbos）島，所有的建築材料都從島上運來，現已改成博物館，只是四次造訪都大門深鎖，小巴士司機說哈夫朗從前很富有，叫「黃金城」。

常常看到一幅土國有關歷史戰爭的圖片，令我印象非常深刻，圖片中有一位男子背著一顆大砲彈的照片，原來這位男子就是來自哈夫朗的大英雄協易特（Seyit Onbaşı），在進入哈夫朗市區前的路口就有個他的紀念雕像。第一次世界大戰時，在 1915 年 3 月 18 日的傍晚，梅吉地耶（Mecidiye）角面堡內已經有 16 位士兵陣亡、24 位受傷，這時能夠作戰的僅剩渴望有外援的上尉、協易特和來自尼得（Niğde）的阿里，堡內只有砲隊留下來的大砲、已經壞掉的起重機和三枚砲彈，但還是必須要阻止英國的「大洋」戰艦穿越恰那克卡雷（Canakkale）海峽，於是下士協易特背起至少需要三人才能扛起，重達 276 公斤的砲彈，裝進砲管裡，內心學著母親默念祈禱然後發射，果然正中大洋戰艦的煙囪和舵艙，因此改變了可能會輸後來卻轉贏的戰爭，不但使受創的戰艦無法通過海峽，也拯救了伊斯坦堡。

06. 在宙斯的情婦腳下
奧特歐陸克（Altınoluk）

吟遊詩人荷馬在史詩伊利亞德中寫著，**伊達山**（İda Dağı）有數不清的山泉和動植物，也是傳說的搖籃。相傳神話故事中宙斯為了躲避善妒憤怒的老婆希拉來找麻煩，不得不把他的女友伊達變成一隻小牛，不料還是瞞不過精明的希拉，希拉派出牛虻鑽咬小牛，伊達為了躲避牛虻只好從奧林帕斯山逃到這裡，這就是伊達山名稱的由來，直到土耳其人遷入後才又更名為**喀日山**（Kaz Dağları），kaz 土語是鵝，因為鵝在遊牧民族的文化中很重要。

不知來往於海灣地區有多少回了，常納悶為何總有許多乘客在奧特歐陸克上下車？終於某次決定去一探究竟，首先在大馬路的十字路口看到有塊博物館的招牌，我快速地掃了掃就立馬搭上小巴士前去，這博物館位於山腰的「舊奧特歐陸克」村子裡，村子的廣場上有棵高大的的篠懸樹，人們在樹下邊喝茶、進食邊俯瞰海灣，一派悠閒的樣子。而我要尋找的博物館建築在高陡的山上，當我好難爬上去時張眼一看，原來所謂的「博物館」，乖乖！竟是有兩百年歷史的老宅邸改建的古典旅館，房價當然也不菲，可是窗外海灣的景觀確實是唯他獨攬。

舊奧特歐陸克曾經是希臘村，村中許多的舊石造老屋建築在高陡的山上，廣場後面的**阿布都拉宅邸**（Abdullah Efendi Koğnağı）的主人是 150 年前的一位牧師，土國獨立戰爭前牧師想要移民米帝利（Midilli/Lesbos）島，剛好住在米帝利的阿布都拉想移至好山好水的奧特歐陸克，於是兩人互換

彼此兩地的房子，現今三層樓的老宅邸開放參觀並常舉行各種的藝文活動。

近年來人們逐漸從山上往下乃至海邊蓋房子，使得繁榮景象也慢慢往山下移，海灣中以奧特歐陸克附近連綿數公里的海水最乾淨，現已成為土耳其人夏天的度假勝地。

山下海邊的**芭柏羅斯街**（Barboros Caddesi）是最熱鬧的地方，一般白天在海上游泳的人到晚上都會聚集於此，各種小吃、藝品店、商店、餐廳、小旅館、旅行社……等等全集中在這條街上，頗像台灣的夜市，生活機能非常方便。特別推薦位於芭柏羅斯街頭的**迂倩**（Üçem）旅館，後院隔著馬路就是愛琴海，旅館住宿包含的晚餐甚是美味，自家烘烤的麵包也相當可口，加上工作人員個個親切有禮，是在奧特歐陸克最佳的選擇。

進入**喀日山國家公園**（Kazdağı Milli Parkı）必須申請許可，所以參加旅行社行程比較方便。國家公園占地 21463 英畝，公園內有數不清的泉水，全國 800 種植物類別

左上圖：阿布都拉宅邸
右圖：夕陽下，迂倩旅館的晚餐

擺在水裡的野餐桌椅

中喀日山就有 101 種，而其中 31 種是獨獨喀日山僅有，非常珍貴。為了保護園內多樣的動植物天然資源，法律規定絕對不准摘採植物、不准生火野餐，就科學和美學的觀點，國家公園有它的自然和文化價值，除了全世界罕見的植物外，另一部分自然的旅遊休閒也必須被保存！

　　如果要上喀日山國家公園一遊，那下榻於奧特歐陸克最是方便。7、8 月夏天旺季時，這裡的旅行社會備有各種的套裝行程，選擇性多又經濟。我特別在 2015 年夏天回到奧特歐陸克，為的就是上喀日山。但惱人的是我找到的四個行程的交通工具都是吉普車，我一向不喜歡吉普車，可是別無選擇，於是只好先預付兩天的行程試試。上了車才知道原來山路是沒有鋪柏油的原始道路，所以怪不得非吉普車不可。結果兩天裡車子都是在石子路上劇烈的顛簸，沒遮掩的車體更讓我在飛揚的塵土中快抓狂，我從頭到腳，鞋子和背包全部遭到塵土侵襲，活像個出土的兵馬俑！好家在，有隨身攜帶塑膠袋的習慣，可以套住相機，要不然連個紀錄都沒有了。

受夠了「塵土之旅」後，我選擇了一天的小巴士瀑布行程。行程中，我比較喜歡、也不需特別辦入山證的**哈山波烏度**（Hasanboğuldu）的**舒吐凡瀑布**（Sutüven Şelalesi），山泉從上流下很像台北早期的內雙溪，雖然入口處有餐廳，但是看到本地人們在擺於水上連接的桌椅野餐，邊吃著美食腳邊踩著冰涼的泉水，羨煞我這觀光客。另一個莫勒瀑布（Mıhlı Şelalesi）人潮很多，有人在野餐後以清潔劑洗滌餐具，毫不在意污染溪水。結束瀑布行程後繼續前往石造老屋的**阿達村**（Adatepe Köyü），走上**宙斯的祭壇**（Zeus Altarı），海灣就在山腳下，美景一覽無遺。

伊達山除了古代希臘神話故事，這裡還有土耳其的神話故事：英俊的農夫哈山（Hasan）和住在喀日山頂上美麗的艾蜜內（Emine）相愛，但是艾蜜內的家庭反對，認為農夫無法適應游牧生活。但雖然有不同的生活方式和傳統，兩個人決定排除萬難共相廝守。根據傳統新郎必須背載一大袋 60 公斤的鹽到山上，以表示其勇敢、體格健壯和對新娘的忠誠。

於是哈山背著一大袋鹽並在艾蜜內的引導下上山，經過一段時間的日照，鹽開始融化，哈山的背部像是遭到燃燒般痛楚，加上筋疲力竭幾乎難以為繼，但是為了娶得艾蜜內還是繼續往上爬，最後累得跌倒在地。艾蜜內擔心無法面對族人的交代，更怕無法跟沒完成傳統歷練的哈山結婚，於是她將鹽袋扛起繼續上山，她以為哈山會跟隨著她繼續前行，當她抵達山頂時才發現哈山不見了，這時天已黑加上暴風雨來襲，家人禁止她外出尋找。隔天剛出現曙光，艾蜜內立即回到哈山跌倒的地方，但還是遍尋不著，終於在一個湖邊找到哈山的襯衫，她臆測哈山因為太累跌入湖中慘遭滅頂，而沒有哈山無法獨活的艾蜜內遂用哈山的襯衫在湖邊的篠懸樹上吊而亡。於是後人將此湖取名為哈山波烏度（boğul 土文意思是溺死），那棵篠懸樹名為艾蜜內樹，沒想到這麼宜人的地方有如此淒美的愛情故事！

　　離奧特歐陸克 2 公里的**安湯朵斯**（Antandros）就位於海邊的喀日山南麓，馬路旁是簡單的立牌，入口處有類似售票亭卻沒人看管，我順著橄欖樹林裡的小路往前行，沒多久聽到狗吠聲和守衛制止的聲音。來到山丘的遺址，這個遺址於 2001 年開始挖掘。第二次造訪時正值夏季考古挖掘工作進行中，幸運地遇見主要負責的丹尼斯（Deniz）老師，並且得到他熱心的導覽和解釋。

　　安湯朵斯古代是非常重要有名的造船廠，伊達山盛產木材，根據出土的硬幣證明造船用的木材貿易非常蓬勃，海港出口伊達山的木材可追溯至特洛伊戰爭時期。現今出土的是西元 4 世紀的**羅馬別墅**，又稱高地房子，包含有 14 間房間、浴室、廁所、排水系統，有的房間和外面的走廊鋪有美麗的馬賽克、大理石，屋內牆壁有壁畫和鑲嵌大理石，接待客人的第一個房間地上的馬賽克保存得最好，圖案中間的兩隻鳥源自喀日山；壁畫上的女士拿著水果目視著中央的客人等著伺候，似乎是主人要展現其富有的

程度。另一端的廁所設計成至少可供兩個人同時使用，從下水道的分佈可推測這裡住的不只是一個家庭而是富有的家族。基督教時期曾經是主教轄區，直到 6、7 世紀，因阿拉伯人的入侵而棄守。

丹尼斯指著變色的地板說：「這是之前已經出土但未加遮蓋保護，並感嘆著：其實古蹟有時晚點出土或許較好，未來的人或許更聰明更能解謎！」

離開別墅往奧特歐陸克方向前行不到一公里是個佈滿各種墳墓的大墓地，當時是建築「夏屋」挖地基時被發現，也是愛琴海岸最大的墓地。大墓地始於西元前 7 世紀，大部分挖掘出來的雙耳瓶裡面是嬰兒和他們陪葬的玩具，那時成人都是以火葬處理。泛希臘時使用火葬，直到西元 5 世紀時逐漸使用石棺，火葬才逐漸式微。石棺內裝陪葬品成為一項傳統，和陶瓦棺有很大的不同，4 世紀時放在腳尾，5 世紀時則放在不同的地方。

上：為我解說的 Deniz
下：鑲嵌馬賽克

2015 年 7 月三度造訪，兩個兩千多年前的巨大陶瓦棺剛好新出土，工作人員興奮地聚集觀看。一般考古工作只能在夏天的暑假進行，那炎炎烈日和漫天飛舞的塵土都考驗著考古學者的耐力，因為絕對不能使用大型機器，必須小心翼翼地慢慢挖掘，耗時多年整理後才能公諸於世，這些學者的堅持和精神實在令人敬佩！

θ7. 同時坐擁愛琴海和喀日山
沽瑞（Güre）

居愛琴海邊，喀日山下，覆蓋著橄欖樹林的沽瑞，在欽得雷密特（Edremit）北邊 12 公里，有著最美麗的海灣，古時就以具有治療效果的溫泉聞名，據說史上最美麗的女神阿芙蘿黛緹就是洗了沽瑞的溫泉，而治癒了皮膚病也變得更美麗，現今是海灣地區的溫泉治療中心。

位於山中的舊沽瑞村雖然已沒落，橄欖樹仍然是主要的農作物，因為溫泉的開發而逐漸發展遷移至海邊。夏天的晚上多采多姿的生活都集中在海邊碼頭的茶屋、餐廳、酒吧……山上舊沽瑞村和海邊都遺留有廢棄的橄欖油工廠。由於溫泉、山林、愛琴海等優渥的天然資源，終年都吸引著大批的遊客，堪稱土國唯一的寶地！全世界只有這裡的居民可以同時享用源源不絕的冰冷山泉水和具有療效的熱湯溫泉！

左上：療癒溫泉池　右上：愛琴海邊喝茶、看夕陽、放空……是這裡最普通不過的生活
下圖：土耳其浴室

沽瑞主要的 3 間溫泉旅館都位於大馬路旁，是近 10 年內才發展的溫泉區，新的旅館也陸續建築中，現代的設備完善，提供給追求健康和美麗的人們：

★市府經營的**阿芙蘿黛緹**（Afrodit Termal Hotel）**溫泉旅館**旁，仍然有一個古代老浴室的遺跡，可惜 2013 年冬天的一場豪雨幾乎把老浴室全淹沒了，阿芙蘿黛緹旅館的公共浴池雖然不是大游泳池，但是有兩間大的土耳其浴室，房間內也有超大的浴室，可容納雙人的大理石浴池，浴池旁是土耳其浴室的大理石座椅和集水盆，很適合不想到公共泡池和大土耳其浴室的人，房價也是附近旅館中最經濟實惠的。

★**沙路沅**（Saruhan Hotel）**溫泉旅館**位於阿芙蘿黛緹前的馬路旁，有室內、外泳池。

★五星級的**阿得利納**（Adrina Health & Spa Hotel）**溫泉旅館**位於海邊，不只設備完善還有海灣最美麗的夕陽。

★離大馬路較遠位於山腳下的**哈圖夏**（Hattuşa Astyra Thermal Resort & Spa）是我在土國見過最棒的溫泉旅館之一，設備豪華，採會員制門禁森嚴，剛開始經理態度極為冷淡，和我交談後即熱心地帶我參觀，因為我是第一位提出疑問的客人：為什麼在愛琴海邊卻取名哈圖夏？答案是老闆來自哈圖夏和西台文明發源地的丘潤（Çorum）省，同時也擁有另一間位於安卡拉附近的阿亞旭（Ayaş）名為西台（Hitti）的溫泉旅館，我又建議經理應該如此介紹他們的旅館：土耳其到處都有溫泉，但是只有沽瑞同時擁有愛琴海和喀日山！

AZERBAYCAN DEDE GORGUT ULUSLARARASI MİLLİ VAKIFI
"QIZIL ÜREK (ALTIN KALP) BÜYÜK TÜRK DÜNYASI" ÖDÜLÜ
09.07.2013

QUI A REÇU
LE PRIX
DE PARTICIPATION
(1994) DE L'UNESCO

UNESCO
(1994)
ÖDÜLÜ

RECIPIENT (1994)
UNESCO PARTIC
I PARTION
GRANT

協林媽媽

　春天時搭上巴士前往鄰近的山村**恰勒貝**（Çamlıbel），路旁的橄欖樹叢下遍地盛開的白色小花像是地毯一般，車子往喀日山上行到終點的恰勒貝村，一下車即感受到清新的空氣，村裡有幾家特色旅館，主人都是因為這裡的好山好水在此定居。來到一家古典旅館，主人堅持要我喝杯甘甜的喀日山泉，一旁羊兒們高興地吃著橄欖樹葉，守候的狗兒也汪汪地呼應清真寺喚禮塔的誦經聲。

　　從村子順著來時路下山往回走，來到**塔躂庫旭拉村**（Tahtakuşlar Köyü）的**阿里貝庫達私人民族博物館**（Alibey Kudar Özel Etnografya Galerisi），這博物館於 1992 年由庫達家族成立，也是土國第一個私人的民族博物館，

不但沒有官方的贊助，門票還必須繳稅。館內展示著土庫曼（Türkmen）民族從中亞移民至土耳其的物品，如帳篷、地毯、衣物、日用品、工具……等等，空間雖小卻是琳瑯滿目，還有一隻大海龜的標本，那是一隻迷途的大海龜，因為愛琴海並沒有大海龜。

第三次造訪後和第二代館長協林（Selim）較熟稔起來，太太端來大盤子裝著早上自製的麵餅、醃製橄欖和熱茶，我一邊吃一邊聆聽館長授課。喀日山麓有 10 個土庫曼民族和 14 個遊陸客（Yorük）民族，兩個民族生活習慣和穿著不同也互不通婚，我向館長那已達適婚年齡的獨生兒子說，那麼你要結婚看起來有點難了。

喀日山有另一個土耳其神話的民間故事：12 世紀時美麗又善良的土庫曼金髮女孩（Sarıkız）在母親去世後，父親生怕觸景傷情於是遷居到沽瑞喀日山附近的一個村莊，因為父親的博學多聞，村民常向他請益，並且愛戴父女倆。數年後女孩長得亭亭玉立，而父親也漸漸衰老，於是女孩鼓

左：協林太太的 homemade 料理　右：民族博物館

勵他去完成一心想去朝聖的心願，而她也已經長大可以照顧自己了。就在父親啟程離開後，村裡的年輕男人紛紛向女孩示愛但都被拒絕，於是他們開始散播她的謠言。

朝聖歸來的爸爸發覺村民對他冷淡並拒而遠之，在聽了鄰居的謠言後，雖然相信自己女兒，但經過多日思考為了維持清譽，又不能忍受殺死自己摯愛的女兒，於是將她帶到喀日山頂上去餵養鵝群和懺悔思過。數年後，旅行者間流傳迷途時曾受到金髮女孩的幫助，還有山上的鵝會下山破壞農作物，因此她建了圍牆阻止鵝下山。父親聽後相信那就是他的女兒，當他來到在現今的金髮女孩山頂（Sarıkız Tepesi），看到了圍牆內的鵝和女兒，父女相見甚歡。父親在禮拜前請女兒給水淨身，發現水是鹹的，女兒說弄錯了再重新取沒有鹹味的水，這時天空烏雲密布金髮女孩突然消失，她的爸爸了解到女兒已成仙，原來之前是被大家冤枉的，他憤而詛咒村民的無稽謠言，終日傷心地徘徊於對面的巴巴山（Baba dağı）中抑鬱而亡，如今這兩座山成為土庫曼族的聖地，每年 8 月 15 至 25 日，第三個禮拜的週末在此舉行三天的慈善活動，紀念金髮女孩和她的父親。

在炎熱的七月，我參加套裝行程前往海拔 1726 公尺高的金髮女孩山頂，在寸草不生的山丘上竟有絲絲涼意，真不知金髮女孩在這裡如何度過下雪的寒冬？所謂人言可畏，莫須有的謠言真是太可怕了！

曾經有人推薦名氣比沽瑞大的**阿克恰**（Akçay），於是我於初春從沽瑞專程造訪這個「愛與水之地」（Sevgi ve Su beledisi），這個度假勝地到處是水泥房子，海岸邊餐廳商店林立，我坐在岸邊喝茶倒是悠閒，海水看起來乾淨清澈，一位當地人說因為現在是淡季，夏天時情景可不是這般，因為地理位置和海流的關係，整個欸得雷密特大海灣最差的地方就是阿克恰，雖然如此，坐在阿克恰海邊可是喝茶看夕陽的好地方！

上：廢棄的舊橄欖油工廠　下：敲打松子的土庫曼奶奶

Ө8. 古蹟、大自然與海
卜哈尼耶（Burhaniye）

　　多次搭車來往於西部，巴士一定會在卜哈尼耶稍作停留，站旁的橄欖油商店吸引著我，路邊大看板上面寫著「古蹟、自然、海，歡迎光臨卜哈尼耶（Tarih、Doğa、Deniz，wellcome to Burhaniye）」，但我一直沒機會停下腳步。直到之後下定決心專程來此探訪，才發現看板上的歡迎詞都不是針對在市區的部分，而是分別在村莊和海邊的歐瑞（Ören），反倒是在博物館附近的星期一市集大到難以想像，整個面積幾乎佔滿一半的市區，尤其是蔬果、乳製品的規模最是驚人。除此之外市區的餐廳和甜點咖啡店皆美味又實惠，尤其是我最愛的爐烤「米布丁」，更是無與倫比的好吃。

　　卜哈尼耶位於馬得拉山（Madra Dağı）下，隔著海灣的對面是美麗的喀日山，從喀日山綿延至此的橄欖樹林，由於有豐富的氧氣孕育，生產的橄欖油聞名土外。我一直不喜歡醃漬的黑橄欖，質軟又有皮口感不佳，但是在卜哈尼耶意外地吃到和綠色橄欖口感一般的黑橄欖，也因此得知這種黑橄欖是產自海灣地區。

　　其實現今的敍得雷密特（Edremit）這個地名，就是古代舊名叫阿達密汀（Adramytteion）的港口城市，也就是現今的卜哈尼耶和歐瑞，阿達密汀源自利底亞（Lydia）國王的弟弟，史書記載是古時敍得雷密特海灣最重要的殖民地區，即使鄰近有特洛伊和北嘎馬，但是只有這裡有最高法院，因此以「正義的中心」聞名。被羅馬佔領時曾經是很重要的文化中心，之後拜占庭時因為遭到多次戰爭洗禮，繁華落盡，於 11 世紀末被遺

棄，如今所留遺跡不多。19 世紀時為了表示對蘇丹阿布都哈密德（Sultan Abdülhamid）之子卜哈內廷（Burhanettin）的敬意，遂改以其名為城市名。

　　所有路線的大小公車在**市區廣場**（meydanı）上都有站牌，可搭上方便的小巴士前往**碼頭**（İskele），在魚攤買了當日捕獲的魚就請旁邊的餐廳料理。這裡有餐廳和舊橄欖油工廠改建的酒吧，沿著海邊走，再過個小橋就是歐瑞。歐瑞離卜哈尼耶僅四公里，不但有陽光、沙灘還有古蹟，在海灣地區這裡以最乾淨的海水、沙灘和綠意盎然著稱，近年來海邊公園內陸續有遺跡出土。鄰近的度假屋群已經有六十多年，海邊的旅館也都超過二、三十年，可見這裡早早就已經是熱門的度假勝地，旅館有游泳池但是池裡空無一人，因為旅館旁就是愛琴海。

旅館游泳池空無一人，因為旁邊就是愛琴海

綠意盎然的歐瑞

　　我在伊斯坦堡的旅遊展發現一家特色旅館，位於碼頭附近山腰的**台勒欬利村**（Taylıeli Köyü），那也是觀看海灣風景的好地方，只是近年城市人開始不斷來買地，然後砍橄欖樹建屋，實在無法想像未來的慘狀。

　　另一個**培利特村**（Pelitköy）分為海邊和山上，我搭上先來的往海邊的公車，離開了大馬路和碼頭，沿途尚有橄欖樹，轉過山頭後卻是慘不忍睹，數不清的夏屋密集得彷彿「水泥叢林」，這些都是砍除橄欖樹後興建，在北愛琴海只有二到三個月的夏季，實在不需要如此多的夏屋啊！2014年我再度專程前往山上的村子參觀橄欖油工廠，沒想到小小村子裡竟然有五家工廠有現代化機器裝備，還有一家以傳統大石頭壓榨的工廠。因為附

碼頭邊生動的雕像

近的土地都是種植橄欖樹，朋友說非常諷刺的是土耳其人將山上肥沃的土地留給兒子，靠海邊較差的土地留給女兒，沒想到世事多變，砍樹蓋屋獲利多多，女兒和女婿反而變得比兒子更有錢。

逛完星期一市集的果菜區，沿著外面街上的攤子走到村莊巴士總站，發現往夏辛雷村（Şahinler Köyü）的巴士，於是走進茶屋詢問「哪位是往夏辛雷的巴士司機？幾點開？」有位先生好心地回答：「司機正往車子走去，是 11 點開的車子。」我手機上顯示時間是 12 點，心裡正 OS 碰到了腦殘，好心人又說車子等下就開了。狐疑地往車子走去，不料短短時間內車上已坐滿，我還搞不清楚狀況就跟著上車，問鄰座的學生為什麼車子延

水果、花朵壁畫的夏辛雷清真寺

遲一個小時，原來是我又忘記當天開始的日光節約時間（約在 10 月 25 日調後一個小時；3 月 25 日往前一小時）。哈！腦殘的是我自己啊！

　　一到了夏辛雷，先問明回程的末班車時間，算算只剩 30 分鐘。有 150 年歷史的的**夏辛雷清真寺**（Şahinler Köyü Cami）外表就像一般鄉間清真寺般的小規模，村民說負責人進城去星期一市集，大門沒上鎖，於是我自己開門開燈。寺內牆壁和屋頂的壁畫有別於其他地方，是顏色亮麗的風景和水果，看著感覺像是在畫廊欣賞一幅幅的畫作，一點也沒有宗教的氣氛，沒想到在這偏僻的小村莊竟然隱藏著一間這麼特別的、也是土國唯一風景壁畫的清真寺。

θ9. 藝術饗宴與船之旅
艾瓦勒克（Ayvalık）

　　艾瓦勒克是個位於土國西部北愛琴海的海邊城市，長久以來都被認為是重要的居留地，周圍環繞著橄欖樹林和松樹林，海上分佈著 24 個大小不一的島嶼，整個區內大概有近 1800 棟的老房子，這些介於鄂圖曼式和新古典式建築的典雅房子宛如室外博物館，最吸引人的就是窗戶，因為每棟房子的的窗外都留存了各種造型的鐵欄柵，藝術氣息相當濃厚。我每次來到這裡，光看著這些古蹟、點點漁船和小島嶼構成的美景，就覺得來到了天堂，再加上烹飪時大量使用橄欖油、豐富的海鮮以及使用天然植物香草的典型地中海美味飲食，總讓我徘徊流連不捨離去。

　　艾瓦勒克早期是希臘的殖民地，居民大都來自米帝利（Midilli/Lesbos）島和克里特（Girit/Crete）島，其比較為人知道的歷史始於 1623 年，當鄂圖曼帝國終結海盜的侵襲而取得米帝利島和附近島嶼後，這些島嶼的居民遂移居至艾瓦勒克和**君達**（Cunda）。1773 年時鄂圖曼帝國的「帕夏」（Paşa）也就是土耳其的大官，授權神父治理此地，於是艾瓦勒克變成伊斯坦堡政府統治下的自治區，也逐漸發展成為富庶和滿涵藝術光輝的城市，直到 1821 年希臘革命，帝國開始衰微，使得艾瓦勒克也受到影響，1840 年時完全失去自治權成為普通的行政區。

　　從建築上可反映出此地經濟和社會繁榮的歷史，早在 1900 年艾瓦勒克已經和國際接軌，各國領事館一一設立於市區港口，首先設立的是希臘領事館，然後是大不列顛、意大利、法國和挪威等等。同時也大量建造了橄欖油和橄欖油皂工廠並且開始外銷，每年有 600 艘貿易商船停靠碼頭，因此學院、宗教人士、傳教士和藝術家……等紛紛進駐，讓此地成為愛琴海最有名的殖民地之一。1889 年艾瓦勒克有 2 萬人居住，22 間橄欖油工廠、30 問橄欖油皂工廠、80 間磨坊、6 家藥商、11 間教堂、6 所學校和 4607 間房子，繁榮景象不可言喻。

　　1919 年 5 月上校阿里（Ali）的第 172 土耳其軍團駐紮艾瓦勒克，軍隊的第一聲槍響在此地乍起，掀開了獨立戰爭歷史性的一頁，在對抗已登陸入侵的希臘軍隊時犧牲了

他們的生命，最後土軍終於在 39 個月又 16 天之後，結束了土國被希臘佔領的歲月，勝利後於瑞士簽訂的洛桑和平條約中，約定兩國得以互換人民，米帝利島、克里特島和北希臘的土耳其人回到艾瓦勒克居住，艾瓦勒克的希臘人回去希臘的島嶼定居。後來艾瓦勒克的人民為了紀念獨立戰爭時，殉職的軍官阿里切汀卡亞（Ali Çetinkaya），特將君達島改名為阿里貝島（Alibey，bey 土文意思是先生），但是當地人還是習慣叫君達島。

　　艾瓦勒克另一個朝聖景點是上山到巨大熔岩石形成的撒旦桌台（Şeytan Sofrası）看夕陽，附近海上的小島群在夕陽餘暉中煞是美麗，仿如圖畫般恬靜宜人，到過這裡的人都忍不住讚嘆此景是非比尋常的的羅曼

蒂克。從前交通不便，上山的人比較少，如今因為山頂上開了簡餐茶屋，人多吵雜宛如菜市場，甚麼氣氛都沒有了，真不知道到底是來看夕陽還是來看人頭，真是大大地煞風景，幾次失望之餘，我轉移到對面君達島上立在最高點的**老磨坊懷舊咖啡**（Café Nostalji）停留，旁邊是 1835 年興建的禮拜堂改的圖書館，從前老磨坊出產的麵粉就是供修道院使用，1924 年土希交換人民後開始荒廢，被遺棄多年後經贊助維修才於 2007 年開放，磨坊下現增添了桌椅，確是俯看風景和欣賞夕陽的好地方。

　　搭上 2015 年夏天才啟用的全新小巴士，駛離市區後經過**督吧海灘**（Duba Plaj）又名市府海灘（Belediye Plaj）到**拉勒**（Lale）**島**，再前進駛過 1896 年建造的土國第一條約 70 公尺長的「跨海峽橋」就是**君達島**。君達島從前叫允得（Yund）島，離市區僅 8 公里，和拉勒島是艾瓦勒克唯二有人住的島

在市集偶遇可愛活潑的女孩

嶼，島上遍佈茂密的松樹林和橄欖樹林，部分地區已規劃為國家公園，現今有小巴士、市公車和船隻可抵達島上的市中心。遊客喜來此古希臘村莊晃遊，走在石板鋪的街道，穿梭在古意盎然的巷弄間，彷彿踏入了時光隧道。眼前一棟棟的老石屋是用薔薇色的石頭所砌造，這種石頭是 5-1500 百萬年前的第二層火山熔岩覆蓋於第一層上所形成，也就是所謂的沙惹沙克（Sarımsak）石頭。從高挑的大門到陽台支柱的雕刻都顯示這裡的建築美學獨樹一幟，漫步在充滿歷史的君達島上，會讓人有置身拜占庭的華麗景致之感。

19 世紀末君達島上有約 8000 至 10000 的希臘人居住，禮拜堂和教堂林立，如今僅**塔克西亞伊史教堂**（Taksiyarhis Kilisesi），經過多年的維修

後，於 2014 年 5 月以嶄新的**寇曲「博物館」**（Rahmi M.Koç Müzesi）開放，教堂於 1873 年由島上的東正教會興建，呈現當時流行的新古典建築，粉紅石的窗框、柱子都是沙惹沙克石頭，不同於其他教堂的是除了壁畫描述舊／新約中的宗教事件，從前的潛水用具、醫療器具、古典車子、玩具車模型、各國娃娃、小孩車……等等展覽品佔滿兩層樓的空間，非常適合全家大小參觀。

　　造訪君達除了漫步於懷舊老屋、參觀寇曲博物館，在老磨坊觀賞夕陽，好像一定要去碼頭邊櫛比鱗次的餐廳大啖海鮮一番（搭配海鮮的飲料「忌」喝愛蘭優格），才算是畫下完美的句點。不過這裡消費頗高，麵包和不怎麼新鮮的檸檬也要另外收費，這可是我走遍土耳其大江南北第一次碰到的狀況，另外大城市的人來此購屋，維修後改成的古典旅館，住宿價格也是高到直逼五星級旅館，倒是有一家黑海人開的餅店美味至極，餅店外彩色的木桌椅擺於巷弄間，每次都會停下喝杯茶配最喜歡的杏仁餅乾。

美味的餅店

有個繞口令：拉克（rakı）、巴勒克（balık 土語是魚）、艾瓦勒克（Ayvalık），「拉克」是土耳其的國民酒，用白葡萄蒸餾後加了茴香的酒，酒像清水一般無色，如果加了礦泉水會變成乳白色，酒精濃度高達 45%，後勁很強，所以又稱「獅子奶」。土國人喝拉克不像喝其他的啤酒、葡萄酒、或威士忌等只單喝酒，是和好朋友一邊吃飯、一邊聊天時共飲，通常會配白起司加哈密瓜或是冷盤（meze），冷盤就好像我們的下酒菜似的。通常大玻璃盤放在透明的冰箱內供顧客選擇，種類繁多，像青椒塞米飯、節瓜花包飯、茄子優格泥、豆子泥、醃鯷魚、醃紅椒、野菜……等等，吃不下大餐，食量少的人還可以冷盤配麵包、麵餅當主食。

本地百分之 70 的土地都種植橄欖樹，出產的高品質橄欖油不只雄霸土耳其，也聞名世界。市區內現在仍有許多的廢棄橄欖油工廠，有的已改裝成頗有風格的餐廳、咖啡廳和超級市場。街上到處都是販賣橄欖油、醃漬橄欖和橄欖皂的商店，這些產品算是艾瓦勒克最主要的經濟來源。有件為人樂道的事：數年前有一位艾瓦勒克的橄欖油工廠老闆到西班牙購買現代的機器設備，在機器工廠的辦公室裡，看到牆上有一張標記了生產橄欖油國家的世界地圖，他發現在安納托利亞的艾瓦勒克海灣有個大紅圈，於是便詢問大紅圈是什麼意思？（機器工廠的人只知道他是土耳其人但不知來自何處。）原來是表示全世界出產品質最好、最美味和最芳香橄欖油的地方，我想這應該和火山熔岩上覆蓋的石灰質肥沃土地有關吧！

每個造訪艾瓦勒克的人都會到聖地沙惹沙克（Sarımsak）的海灘一遊，這個名稱是大蒜的意思，據說就是因為地形像大蒜而得名，我在數次造訪後，終於特別懷著朝聖的心情前往，原來那是個很寬、長達許多公里的「沙灘」，腹地內有很多的水泥房子。沙灘是由火山活動造成，附近山峰的花崗石因為許多原因粉碎後隨著河流入海，這個海岸沙灘已存在近一

萬年了，據說這裡的沙不會黏在身上，但習慣了海邊有樹木和風景的我，真抱歉！它並非我的聖地！另一個附近也是聞名的**巴大悟特**（Badavut）**沙灘**，人多垃圾多空氣中瀰漫著腐臭味，趕緊逃離回市區，反而是途中的**恰姆勒克**（Çamlık）在松樹林中一棟棟的老宅邸才吸引著我，各種不同型式的建築，每一棟都有庭院面對著海。靠近市區的山丘上，有一座露天的仿古圓形劇場，夏季時經常在此舉辦活動和演唱會。

　　由於艾瓦勒克特殊的地誌，海面下有著豐富精采的海底世界，不但在土國赫赫有名，還以繽紛多樣的動植物生態學名列世界前茅。此外多到34 種的紅珊瑚更凌駕紅海之上，除此，這裡也是終年可潛水的絕佳地點，碼頭邊皆有船和潛水器材出租。我是不會潛水，但倒是樂此不疲地參加

船之旅（boat trip），大家都是穿上泳衣套上寬大裙子或洋裝。市區的碼頭上有各種大小規模的船隻可供選擇，景點和價錢都一樣只是船隻大小不同，上層擺上靠墊讓喜歡曬太陽的人做日光浴，午餐和吃水果時則集中在擺桌椅的下層，有的船上還有滑水道呢。規模大的船上還有 DJ 主持帶動氣氛，人們隨著音樂起舞非常熱鬧。船隻會在小島外的海中定點停留三次讓大家下海游泳，膽子大的從船上跳水並且入迷地一次又一次地享受箇中樂趣。

　　一般土國的船之旅費用包含午餐，而在艾瓦勒克不但含餐還有水果，餐點也不像其他地方都是用超市裡現成的冷藏肉球（köfte），這裡的午餐是油炸當地盛產新鮮又美味**名叫琶琶利納（papalina）的小魚**，也只有這裡不論是生菜沙拉或小魚都可以一再添加讓人吃到飽，只是有時看到有些人會將油炸魚丟入海中，污染了乾淨的海水，還真令人掃興。此地的海鳥很聰明，當船隻停留海中用餐時紛紛聚集船邊，人們將麵包丟入海中餵魚，海鳥們便等著吃鮮魚大餐。

　　根據行家的推薦在艾瓦勒克有兩處游泳的好地方：搭上 1 號小巴士前往本島的**西陵肯**

上：不要怕海泳，太舒服啦！　中：艾瓦勒克吐司
下：西陵肯特風光

特（Şirinkent）的**以佩克餐廳**（İpek Lokanta）下車，這裡吹的是東北風（poyraz）所以有點海浪，海邊還有另一家餐廳，除了販賣餐點還有各種沖洗、躺椅等設施，躺在松樹下閱讀、放空、躍入海中是這裡的休閒；隔天我興奮地搭上前往君達瑪頭的大巴士，轉搭定時服務的接駁車來到另一處遠離塵囂的**第一村**（1.Köy），這裡是個小海灣比較沒有浪潮，一座座的簡易木屋立在水上，除了提供各種設施還有一間簡單沒有冷氣但是乾淨的**小旅館**（Bıyıklı Çiftliği）。

曾經在伊斯坦堡吃過有夠難吃的**艾瓦勒克吐司**（Ayvalık toast），到了這裡是一定要嚐嚐發源地的口味，好印證一下是否真是如此難以下嚥。看到在碼頭附近**湯撒旭**（Tansaş）**超級市場**前的**吐司市集**（Tosçular Çarşısı），是一間接著一間賣烤麵包和簡餐的地方，每間小小的店面外擺放著緊鄰的桌椅，我注意到每家都有賣艾瓦勒克吐司，頓時無從選擇，於是走到超級市場請收銀員推薦，所謂的艾瓦勒克吐司是麵包夾了非常多的香腸、美奶滋和番茄醬，然後放在機器上壓烤，分量大到可以餵飽兩個人。這次吃了以後非常滿意，果然不愧是發源地，美味太多了！不過對我而言一次經驗就夠了，因為內容物確實不健康。

非常有趣又常令人混淆的是艾瓦勒克城和君達都有個相同名字的**塔克西亞伊史教堂**（Taksiyarhis Kilisesi），

君達的教堂如今改成**寇曲博物館**（Rahmi M.Koç Müzesi），艾瓦勒克的改成
塔克西亞伊史紀念博物館（Taksiyarhis Anıt Müzesi）。

　　紀念博物館於 1844 年建在最早基督徒和穆斯林共同居住的市中心，
內部大理石裝飾，壁畫描述亞當和夏娃、耶穌基督的誕生和死亡，還有超
過百年刻在魚皮上的聖徒肖像，可惜許多已被偷走，教堂保存良好，是艾
瓦勒克最重要的建築。除此市中心還有 19 世紀初由住在艾瓦勒克的希臘

人所建的教堂，共和後改為**啟納
樂清真寺**（Çınarlı Camii），和原
本也是教堂，於 1928 年改為清真
寺的時鐘清真寺（Saatli Camii）。

　　艾瓦勒克離希臘的米帝利島
很近船行約 1.45 個小時，兩地有
定期的船班，但是台灣護照再入

境時需有多次的簽證。位於市中心什麼都有賣的「星期四市集」，就像個平地採購中心一樣，不只是本地人，對面米帝利島的居民和觀光客也會專程來此採購一日遊，**塔拉帕夏街**（Talatpaşa Cad.）上的餅乾店聚集著排隊購買口香糖（Sakızlı）口味和其他口味的餅乾，土語和希語交錯的景象星期四獨有。

夏季炎炎的下午，從西方海面吹向陸地的因巴特（imbat）微涼海風吹走炙熱的暑意，外地的人就是衝著這舒爽的因巴特而來此度假。這裡的夏天沒有焦熱的陽光、冬天不會下雪凍死人，艾瓦勒克春天百花盛開，市中心銅像廣場旁靠水邊的茶屋永遠座無虛席，別說歷史文化，自然景觀頗有看頭，光在這居遊一段時間，享受遠離塵囂的寧靜就是人生最好的選擇。

走累了就在岸邊喝杯茶

君達第一村（1.Köy）
接駁車電話：05322719654，
往：08:30/10:30/11:40/13:00/15:00/18:00，
返：09:20/11:00/12:30/13:45/17:00/20:00

10. 貿易心臟、油脂摔角發源地
欸帝額內（Edirne）

　　邊境城市欸帝額內位於伊斯坦堡的西北方 225 公里，屬於土耳其的歐洲地區，有高速公路連接車程大約 2.5 小時，位居歐洲、小亞細亞和巴爾幹之間的十字路口，西邊與希臘、北邊與保加利亞為鄰，有 2 條鐵路和 4 條公路共 6 個邊境關卡分別通往兩國，所以有「邊界之城」的稱呼，是非常重要的貿易和商業中心。

　　瑟雷斯（Thrace）的土耳其語是察克亞（Trakya），是古代印歐語系的瑟雷斯人居住的東南歐，近代的瑟雷斯包括了保加利亞南部、希臘北部和土耳其的歐洲部分，大部分位於保加利亞，土耳其稱其為儒梅利（Rumeli）。

　　根據出土文物證明欸帝額內是瑟雷斯文明的誕生地，西元前 5 世紀從瑟雷斯來的歐帝西亞人（Odrysian）建立歐帝西亞王國，之後歷經波斯、羅馬、馬其頓、拜占庭、保加利亞王國和鄂圖曼帝國等等文明。羅馬攻下欸帝額內後併入它的行省，西元 2 世紀羅馬皇帝哈德連（Hadrian）擇其為最重要的殖民地，這時也是最輝煌的時期，之後改名為哈德連之都（Hadrianopolis）以讚美哈德連，7 世紀時曾短暫受保加利亞王國統治，第一次世界大戰曾被希臘佔領了兩年。

喜南和他的傑作 Selimiye Camii

欽帝額內的崛起

　　欽帝額內原有很多的名字，直到西元 1361 年鄂圖曼帝國的穆拉特一世（Murat I）攻克後定名，1365 年定都於此及在此興建帝國的第一座王宮，也是繼布爾薩（Bursa）之後帝國的第二個首都，長達近一個世紀。新都發展迅速，穆拉特二世大量興建鄂圖曼式的重要建築，以此為前進儒梅利和伊斯坦堡的重要軍事基地，1453 年穆拉特二世的兒子，有征服王之稱的法提蘇丹梅瑚特（Fatih Sultan Mehmet）二世在此設立砲兵隊，攻下堅固的伊斯坦堡城牆後並遷都至伊斯坦堡，但是欽帝額內仍具有其重要性，持續發展成為集教育、科學、文化和藝術的大城市，17 世紀時有 35萬的人口是繼伊斯坦堡、巴黎、倫敦之後的第四大城。當時西瑟雷斯人、儒梅利人和巴爾幹人相繼移民至此地，城內的清真寺、教堂、猶太教會堂

王宮裡的廚房

等都足以證明欸帝額內是座民族融合和當代的摩登城市。

　　從攻克欸帝額內的蘇丹穆拉特一世到梅瑁特六世，這期間凡是戰勝的慶典、行割禮、結婚紀念，甚至穆拉特二世的婚禮都是在欸帝額內城內舉行，所以又有「蘇丹之城」、「快樂之門」的美稱。經過了幾世紀的安逸之後帝國日漸衰頹，19 世紀的蘇俄、20 世紀保加利亞、希臘、世界大戰的戰爭和軍事佔領，以及 1748 年、1905 年兩次大火和 1752 年的地震，皆重創欸帝額內城所以這裡也是令人無法釋懷的「心痛之城」。

　　以前城內沒有星級的大旅館，所以大部分的旅行團不會來這裡。1997 年 2 月的冬天第一次造訪此地時，遇到寒風刺骨的天氣，當時大部分的清真寺都在維修無法入內參觀，城外的景點沒有公共巴士可至，只能走路過去實在很不方便。後來因為土耳其簽證規定無法長待，必須出境後再入境才能久留，所以我便選擇從欸帝額內進出，因為只要過個邊境關卡就是希臘，也因此我開始注意並且逐漸認識和喜歡上這個城市。八月時從伊斯坦堡到欸帝額內城，公路兩旁淨是盛開的向日葵，那一大片向陽的黃色花海充滿蓬勃的生命力，不但美麗至極，也是欸帝額內最重要的農作物和瑟雷斯的象徵。

　　省府也稱欸帝額內，地形是半地和起伏的山丘，與土國其他城市非常不同，位居歐洲和亞洲安納托利亞之間特殊的地理位置，是許多文明歷史的搖籃，區內擁有許多豐富的歷史性遺址。如果要了解鄂圖曼帝國最早期的建築，那麼欸帝額內絕對不輸給另外兩個名氣響亮的舊都伊斯坦堡和布爾薩，因為這裡有鄂圖曼帝國早期的清真寺、驛站、土耳其浴室、商場、橋樑、老宅邸和那雄偉壯麗獨一無二的協利密耶清真寺（Selimiye Camii），數量之多堪稱土國第一，是道道地地名副其實的「博物館之城」、「室外博物館」。

見證早期鄂圖曼藝術

　　城內清真寺內石塊、大理石和木製品上的鑿刻都是最重要和最精彩的早期鄂圖曼藝術：

1403-1414 年：位於市中心的**舊清真寺**（Eski Cami）是帝國在欸帝額內城內第一個建造的清真寺，由來自孔亞（Konya）的建築師所設計，像布爾薩的大清真寺有多個圓頂，沒有庭院，屬於早期鄂圖曼式建築，西邊正面的喚禮塔是後來再加蓋，大門兩邊牆壁上的大字寫的是『阿拉』和『穆罕默德』，18 世紀中葉曾毀損於火災和地震，共和後再維修至今，寺內牆壁上書法的碑文和欸帝額內特有的卡利雕刻繪畫，在在證明它的重要。

Üç Şerefeli Camii

1436 年：離市區較遠的**穆拉帝也清真寺**（Muradiye Camii），特別的是朝向麥加的壁龕全是用漂亮的**伊茲尼克**（İznik）**老磁磚**所鋪，從這裡可俯瞰舊王宮一覽無遺。

1438-1447 年：**玉砌雪瑞飛利清真寺**（Üç Şerefeli Camii）位於市中心，建於穆拉特二世是當代的首席建築師穆斯里赫丁（Muslihiddin）設計，因為其中一座高 67.62 公尺喚禮塔有著 3 個陽台而得名，有趣的是通往陽台的是 3 個

上：舊清真寺　下：穆拉帝也清真寺

Üç Şerefeli Camii 寺外的長廊

不同的樓梯，4座喚禮塔各有 Z 字形、棋盤紋、螺旋形、凹槽等不同的花紋，也是分別於四個不同時期建造，我站在那座高聳具有螺旋花紋的喚禮塔下仰望，對其高難度的建築技巧和精雕細琢的工法不斷嘖嘖稱奇。

　　清真寺內、外屋頂的壁畫和牆壁上藍、白、靛藍、和土耳其藍色磁磚美輪美奐，迴廊圓頂皆是手工繪畫。帝國早期的清真寺為正方形建築和具有多個圓頂，玉砌雪瑞飛利清真寺是第一座開始有中央巨大圓頂的建築，和向外延伸加蓋圍起來的另一個迴廊長方形院子和淨身泉，也是第一個有院子的鄂圖曼清真寺的建築範本，結合了早期古典的鄂圖曼風格，爾後其他的清真寺也開始仿傚這新的流行趨勢，伊斯坦堡的藍色清真寺就是如此，看遍土國境內的清真寺，以建築、寺內繪畫、瓷磚等裝潢和氛圍，我最推崇絕對非玉砌雪瑞飛利莫屬。

　　清真寺對面的**首庫路浴室**（Sokullu Hamamı）由喜南（Sinan）建造，男女兩邊分開也可同時使用，算是 16 世紀最佳的樣本，現今仍然營業。

石罕的旅館，右邊為首庫路浴室

浴室旁有間**石罕**（taşhan）**老商場**也是喜南在同時期所建，現今維修後改成旅館，可惜夏天沒有冷氣空調，打開窗戶透氣的話，人車往來的喧囂聲會令人受不了，2015 年老闆曾說將會加裝空調解決。

1484-1488 年：位於城外曦賈河（Tunca Nehri）畔的**白耶茲得二世複合院和健康博物館**（II. Bayezid Külliyesi ve Sağlık Müzesi），是征服王梅瑅特的兒子白耶茲得二世指令其王宮的建築師海瑞廷（Hayrettin）所建。主要是提供醫療和社會援助，短短四年即完成，充分展現出帝國的建築技術和經濟實力。

近乎 100 個大大小小的圓頂格外引人注目，於當代是集健康、社會、文化和宗教學校的複合院，一共有 11 個單位包含有清真寺、客房、醫學院、公共廚房、一條橋、公共浴室、磨坊、蓄水池、鄂圖曼小學、初中、清真寺工作的員工辦公室，其中有 6 個仍然保存至今，也是欽帝額內城另一個最重要的歷史建築，於 2011 年 6 月也已正式列入世界教科文組織

（UNESCO）的世界文化遺產名單。

複合院最主要的是醫院，剛開始成立時是綜合醫療中心同時也是眼科的治療中心，有主治醫生、醫生、外科醫生、眼科醫生和藥劑師。當時在世界上的其他地區，對於精神病患不是折磨就是火刑，而這裡卻是以音樂、流水聲和花草的香味來治療病患，主要是舒緩患者的精神，如此人道方式的治療效果極佳並備受肯定，因此16世紀之後轉變為精神病院。醫院服務長達近400年，直到1877-78年土俄戰爭被俄國佔領暫時關閉，後因為戰爭和

穆拉帝也清真寺

帝國的衰落漸失去其重要地位，斷斷續續營運至1916年完全關閉，之後經察克亞大學維修後於1997年成為健康博物館。

醫院包含三個部分，有蠟像呈現當時的狀況，第一個庭院是病人等待門診的房間，第二個庭院是主治醫師看診室還有藥房，最後是有32個床位的住院病房。院內有樂隊在定期的日子演奏音樂，針對不同的病情演奏不同的音樂。除了有音樂和水聲幫助患者免除恐懼、憂鬱和放鬆外，噴泉在圓頂建築的回聲，也是對住院病患最佳的撫慰。當時院方治療的方式還有讓病患忙於手工藝的工作，以及利用花園裡所栽種的各種花草的香味，現今花園仍種植芬芳的紫色薰衣草。

這裡不論貧富老少各種病痛都是醫院服務的對象，治療和醫藥都是

免費，所有經費來自蘇丹興建的商場店租、富豪……等捐款。

　　醫學院是帝國時期的最高學府，學校裡也有醫藥書籍，畢業的學生
服務於醫院，就像現今的教學醫院一般，由主治教授醫生帶領實習醫生。

　　其他的房間內陳列著當時的各種醫療器具，有趣的是有片牆上掛著
一幅綁著沖天炮辮子，身著古唐裝，臉上出天花的中國娃娃的圖畫，還有
幾幅日本仕女的懷孕圖，分別說明胎兒在子宮內 1 至 9 個月的大小形狀，
中國醫藥炒淮山，還有印度、埃及等其他國家的醫療圖像。

1569-1575 年：令人讚嘆的**協利密耶清真寺**（Selimiye Camii），最能代
表鄂圖曼的土耳其伊斯蘭建築，也是欸帝額內的表徵。協林二世（Selim
II）很喜歡欸帝額內，於是下令喜南（Sinan）蓋一間獨一無二的清真寺，
喜南在 85 歲時完成了他的巔峰傑作，可惜協林二世在即將完成之前過

征服王梅瑁特二世出生的房子，現今是古典旅館

世，無緣目睹這曠世的偉大建築。清真寺的所在地曾經是帝國在欽帝額內的第一個王宮，位於市中心的最高處，彷彿是欽帝額內城的皇冠，從遠處各個角度都可以看見清真寺的 4 座約 70 公尺細長高聳的喚禮塔，四座喚禮塔都各有 3 個陽台，其中兩座分別有樓梯通往不同的陽台，由此顯示喜南不僅是非常重要的建築師也是城市規畫者。

清真寺直徑 31.3 公尺的大圓頂離地面 43.28 公尺由 8 根巨大的柱子和四個半圓頂支撐，大圓頂的直徑直逼伊斯坦堡的聖索菲亞的 31.87 公尺，寺內昂貴的建材有埃及的花崗石、馬爾馬拉島（Marmara adası）大理石、16 世紀的伊茲尼克（İznik）磁磚、母珠和欽帝額內特有的彩繪木材，有些於土俄戰爭時被帶到莫斯科。建築師達悟特阿阿（Davut Ağa）於清真寺樓下增建的阿拉斯踏（Arasta）商場有 124 間店，商店的租金收入是為了補貼清真寺。清真寺和其複合院於 2011 年 6 月也已正式列入世界教科文組織（UNESCO）的世界文化遺產名單。

喜南是鄂圖曼時期當代最偉大和最多產的建築師。1490 年生於中部開塞利（Kaysery）的一個阿鄂納斯（Ağırnas）村莊，父親是個石匠。聰明伶俐的喜南被選為見習騎士並入王宮受教育，在帝國的黃金全盛時期他和王室的禁衛軍東征西討了多場戰役，因此有機會見識各地區不同的建築，具有敏銳觀察力的他將各地的建築繪圖作筆記累積知識，喜南不只是個有紀律的軍人也是勤奮的木匠，於 55 歲時成為王室的首席建築師，歷經帝國最輝煌黃金朝代的幾位蘇丹，圓頂是其傳統的建築藝術。享年 98 歲的喜南，畢生在全國各地建有 81 間大型和 51 間小型的清真寺、37 間土耳其浴室、33 間皇宮、18 間驛站，和數不清的橋樑、水道、醫院、供給貧民的公共廚房，欽帝額內轄區內就有許多是喜南的傑作。

位於協利密耶清真寺旁的**土耳其和伊斯蘭藝術的博物館**（Türk İslam

Eserleri Müzesi）是從前的宗教學校，2013 年重新整修開放非常值得一看，館內收藏品來自清真寺、宗教學校、土耳其浴室，有 15-17 世紀的老磁磚、書法、玻璃製品、武器、木雕、鐘、手繪可蘭經……等等，最有趣的是人體模型的蠟像和誦經聲，呈現教室中教導可蘭經上課情況，還有令人敬佩的巴爾幹戰爭時的血染紅旗。

協利密耶清真寺後面有一間特別和具歷史性的古典旅館，原本是帝國攻下欸帝額內城後，第一個建造的皇宮的宅邸之一。根據歷史的記載，征服終結拜占庭帝國的梅瑯特二世於 1432 年 3 月 29 日出生於這間皇宮宅邸，之後新皇宮另遷後留給其他的帕夏居住，老宅邸經整修後於 2006 年開始營業。夏天的午後坐在偉人的出生地喝杯土耳其咖啡，就近觀賞喜南宏偉的清真寺傑作，感受著鄂圖曼的氛圍是很大的享受。旅館旁的**王宮土耳其浴室**（Saray Hamamı）就是當時屬於王室，經維修後現今仍然使用，男女入口分開，女士部分規模雖較小但是很乾淨，浴室內水槽的高度比其他一般浴室高，應該是方便站著服侍的宮女取水吧。

舊城內有一間維修極好的猶太教會堂，16 世紀以後就有住在歐洲西班牙、葡萄牙、義大利……等國的猶太人開始移居鄂圖曼帝國的欸帝額內，在 20 世紀前一共有 13 間會堂，1905 年的大火在一夕間全都燒光，隔年法國建築師以維也納會堂為藍本在原來的兩間遺址再重蓋，現今仍然有少數的猶太後裔，基金會持續維修並開放流傳至今。

如果對教堂建築有興趣，那麼位於可亦克（Kıyık）的 19 世紀末保加利亞教堂（SV.Georgi Kilisesi）也值得一探。

王宮土耳其浴室（**Saray Hamamı**）Tel：0284-2133377

帝國首都的遺緒：舊城、驛站、老商場……

　　一直很喜歡欵帝額內這個有「室外博物館」美譽的城市，每次到這裡停留，都會選擇住宿在沒有高樓大廈的市中心，才好天天穿梭於清真寺、驛站、老商場、土耳其浴室、猶太教會堂和舊城之間，而其他景點也都可以步行到達。在短短的**馬阿立夫街**（Maarif Cad.）上有許多家旅館可選擇，附近還有頗具歷史也算有特色的驛站和罕改建成的旅館，近年來市外也增建了些星級的旅館。另一條最繁忙的是沙拉砌拉街（Saraçlar Caddesi），街道兩側交錯著兩層樓的新舊房子，由於車輛禁行，可以悠閒地漫步或坐下來喝杯土耳其咖啡，細細地感受這個曾經是帝國的繁華首都。

　　馬阿立夫街口是旅遊服務處，備有各種簡冊和地圖，十多年前在此結識熱心又英語流利的愛雪（Ayşe）女士，如今已升任主管，她是我每次回欵帝額內時必見的人。

　　欵帝額內有許多的夏屋、宅邸和具有欵帝額內卡利（Edirnekari）特色繪畫的兩、三層木造房子，城內（Kaleiçi）狹窄的街道中仍殘留有 19 世紀末時的遺跡和美麗的老房子，有些是 1905 年 20 世紀初火災之後興建，另外早期一些像 18 世紀時的老宅邸分布於協利密耶清真寺旁的西南建築師街（Mimar Sinan Cad.），這些房子都有石造或大理石造的地下室（bodrum）。像城內克喀披納之屋（Kırkpınar Evi）有收藏油脂摔角的照片、文件和專用的皮褲子。如果無法觀賞實際的比賽，來此參觀必定可以了解土耳其特有的油脂摔角文化。

　　土國境內曾經有許多驛站，如今保存良好並改建成現代化旅館的屈指可算。儒使登帕夏驛站（Rüstempaşa Kervansarayı）是於 1561 年由有儒使登帕夏〈Rüstem Paşa〉令喜南所建的另一大傑作，位於市中心舊清真寺旁，為最典型的鄂圖曼兩層樓古典建築，兩進落的建築各擁有大庭院，樓下正門

出去的兩邊是商店，1972 年維修後改成旅館，世紀末我曾專程下榻於此，但房間內已呈現出老舊，顯然沒有持續維護。當時我信步走到中庭內另一棟未開放的建築探索，誰知才踏上往二樓的樓梯，兩條小腿肚就遭到密密麻麻的跳蚤攻擊，嚇得我趕忙逃離。現在儒使登帕夏驛站再次重修整頓，並增加了房間數量，整個氣象煥然一新，但是暖氣的配置還是不耐嚴寒的冬季留宿，那棟曾經有跳蚤的中庭如今已變成是舉行婚禮的好地方。

六世紀不熄燈的老商場

欸帝額內的老商場都位於市中心，不管是販賣紀念品或是生活用品，價錢都比伊斯坦堡便宜多多。

★北得斯坦（Bedesten）商場：建於 1418 年，位處儒使登帕夏驛站旅館和舊清真寺旁，當時是為了籌措舊清真寺的宗教基金而建的商場，四面各有門出入，規模很大，歷史學家曾寫道古時為了保護這裡大量貴重的珠寶和鑽石，每晚都有配置 60 個守衛，如今輝煌不再，只有販售平常的日用品。

★阿里帕夏有頂市集（Ali Paşa Kapalı Çarşısı）：1569 年為喜南所建，長三百公尺的長方形建築，有 6 個大門和 130 間店舖，和馬阿立夫街、沙拉砌拉街平行，市集有門進出兩條街很方便，市集除了販售當地紀念品、衣物、鞋子、皮包、鍋具、樂器、小鳥……等

400 多年歷史的 Ali Paşa 現今仍在使用

上：米哈橋　中：烏潤橋　下：沙拉砌哈內橋

等，包山包海應有盡有吸引著當地人和觀光客，是當時也是現今歙帝額內最重要的商業中心。

鄂圖曼式的石砌老橋

如果喜歡鄂圖曼式的石砌老橋，除了烏潤橋市的長橋那麼歙帝額內的數量堪稱土國之最也最吸引人，有些橋中央兩邊有亭子和座椅，一邊是樂師的座椅，一邊是蘇丹或帕夏在悠揚的樂聲中觀賞美麗的夕陽的位置。

★米哈橋（Gazi Mihal Köprüsü）：歙帝額內城最古老的橋，建於 1420 年，長 125 公尺，寬 5.5 公尺，通往保加利亞位於暾賈河（Tunca Nehri）上，原本建於 13 世紀拜占廷晚期，也是帝國攻克歙帝額內後第一座建的石造橋，近年再整修後車輛禁行，必須改道新橋，我走到橋下觀賞淺黃花朵的秋葵田，以為田中的綠色蚊子「吃素」，誰知恰恰相反，我竟被叮得落荒而逃。

★烏潤橋（Uzunköprü）：土文 Uzun 是長，köprü 是橋的意思，建於 1426-1444 年，長 1392 公尺寬 6.8 至 6.9 公尺，位於烏潤橋市，因鄂圖曼帝國前進巴爾幹必須跨過歙額階內河（Ergene Nehri）而興建，橋邊的村莊同名也就是現今的烏潤橋市。有 174 個圓拱的石橋，是安納托利亞最長世上第二長的石造古蹟橋，特別有趣的是有些石塊上雕刻獅子、大象、鳥、鬱金香和葉子等圖樣，一直到近幾年才規定大車禁行，必須去使用新建的橋。

★沙拉砌哈內橋（Saraçhane Köprüsü）：建於1451年，長120公尺，寬5公尺，於暾賈河上連接欻帝額內城和王宮，在王宮和白耶茲得二世複合院和健康博物館之間，7月時橋下是盛開的金黃色向日葵花海。

★法提橋（Fatih Köprüsü）：建於1452年，長34公尺，寬4.4公尺，在暾賈河上位於王宮內得密爾門（Demirkapı）和最高法院之間。

★白耶茲得橋（Bayezid Köprüsü）：由建築師海瑞廷建於1488年，長78公尺，在暾賈河上靠近白耶茲得二世複合院。

★王宮橋（Kanuni Saray Köprüsü）：建於1560年，長60公尺，由喜南所建位於暾賈河上，連接欻帝額內城和王宮。

★亞訥茲勾茲橋（Yalnızgöz Köprüsü）：由喜南建於1570年，但是未列入喜南的傳記，位於暾賈河上，是因為暾賈河的水路改道，於近一百年後所建連接欻帝額內城和白耶茲得二世複合院。

由上到下依序為：法提橋、白耶茲得橋、王宮橋、亞訥茲勾茲橋；暾賈橋

★暾賈橋（Tunca Köprüsü）：建於 1607-1615 年，為暾賈河上的第一條連接欽帝額內城和卡拉阿阿砌（Karaağaç）的橋。

★美麗砌橋（Meriç Köprüsü）：建於 1833-1847 年，長 263 公尺，寬 7 公尺，位於美麗砌河（Meriç Nehri）上，是繼暾賈橋連接欽帝額內城和卡拉阿阿砌，前往希臘邊界的第二座橋，此橋原本是木造橋，因為水患而毀壞後斷斷續續維修，當蘇丹馬穆特二世〈Mahmud II〉造訪欽帝額內時下令改成石造橋，橋中央的大理石庭子內的屋頂上的圖畫是描述當時欽帝額內城的景致，橋的兩端岸邊分別有喝茶的屋子和花園，一邊是教師會館的餐廳，另一邊的屋子於 20 世紀初時原是邊界的警察局，21 世紀時是海關防衛警局，如今是看夕陽的最佳地點。

美麗砌河（Meriç Nehri）是土耳其和希臘的邊界河，只有卡拉阿阿砌屬於土耳其，這裡曾經是帝國夏天的度假休閒地，沿途有茂密的林木。開始建於 20 世紀初的火車站連接伊斯坦堡和歐洲，因為第一次世界大戰而停頓，獨立戰爭時有一部分鐵路落在希臘境內，變成往伊斯坦堡時，中途必須跨過希臘邊境。土耳其共和後國鐵局另外興建新的鐵道，從此卡拉阿阿砌火車站喪失功能，現今成為欸帝額內察克亞大學（Trakya Üniversitesi）美術系的大樓，車廂和鐵軌仍舊佇立著，整棟建築呈現出歐風和安納托利亞混合式的新古典建築樣式。

十九世紀的「小巴黎」：卡拉阿阿砌（Karaağaç）

　　　　第一次世界大戰時欸帝額內被希臘占領，戰爭結束後近郊的卡拉阿阿砌歸還土耳其，是戰爭償還的一部分，校區內的洛桑和平盟約文件博物館以及 1998 年建的勝利和平的紀念碑（Lozan Anıtı ve Müzesi）都見證著歷史。紀念碑最長的柱子代表安納托利亞、第二長的代表瑟雷斯、最短的代表卡拉阿阿砌，3 根柱子中

希臘邊境巧遇收割甜菜的可愛小孩

美麗砌橋中央的亭子及亭子上的壁畫

間的圓圈代表團結，圓圈前年輕女孩的兩手，一邊是代表和平和民主的鴿子，另一邊是 1923 年簽的洛桑和平盟約之文件，紀念碑下的水池代表環繞土耳其周圍的海。

19 世紀卡拉阿阿砌建有領事館，因而引入世界各國人來此興建旅館、餐廳、電影院、教堂、學校……等發展非常急速，卡拉阿阿砌遂成為巴爾幹的娛樂中心並有「小巴黎」之稱，如今繁華已盡，週末城裡的人開車到這裡的咖啡屋懷舊，或是在美麗砌河兩邊樹林中的餐廳用餐看夕陽，不過雖然餐食美味、夕陽無限好，毒蚊子擾人還真是頗煞風景。

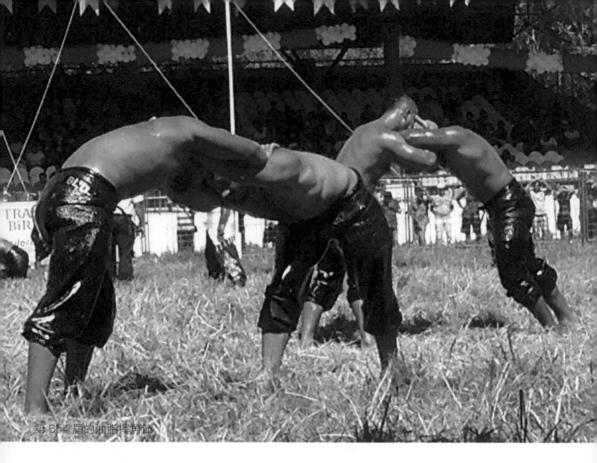

第 654 屆的油脂摔角節

油脂摔角，世上最古老的運動

　　摔角競賽最早起源自中亞土耳其人，是世上最古老的運動，油脂摔角競賽發源自鄂帝額內，每年 6 月底 7 月初（正確時間會因齋戒月而更動）舉行為期 7 天的克喀披納油脂摔角節（Kırkpınar Yağlı Güreşleri Festivali），競賽於節日的最後 3 天在位於暾賈河畔的王宮內體育館的草地上舉行，這座橢圓形的體育館僅供一年一度的油脂摔角競賽所用，節日期間會舉辦各種展覽、街頭民俗舞表演、本地食物烹飪比賽……等。摔角競賽已經有 7 個世紀之久，2010 年 11 月進入人類的無形文化遺產（Intangible Cultural Heritage of Humanity）名單，關於油脂摔角有很多的

傳說，其中最為廣泛流傳的是：

帝國始祖之一的歐沉（Orhan Gazi）攻打儒梅利（Rumeli）時，他的兒子蘇雷曼帕夏帶領 40 位先鋒戰士負責攻打拜占庭的都目日城（Domuzhisarı）和附近的其他堡壘後，在回程中紮營於現今希臘的沙莫那（Samona）並且開始摔角。其中有兩位戰士旗鼓相當，經過數小時一直未能分勝負。數年後在春季慶典中，這兩個人又繼續在阿赫村〈Ahır Köy〉的草地上比賽，從早上一直到半夜，最後兩人筋疲力盡雙雙死亡，他們的朋友將兩人的屍體埋在一棵無花果樹下後離開。多年後朋友們再回到原地要為他們立墓碑時，發現從墓地的土中湧出潔淨的泉水，因此他們將這片草地命名為克喀披納（土文 kırk 是 40，pınar 是泉水），從此油脂摔角競賽成為欽帝額內的一項傳統文化，共和後每年六、七月時改在土宮內的運動場盛大舉行競賽。

2015 年 7 月 20 至 26 日，我特別來此觀賞三天第 654 屆的油脂摔角競賽，一償十多年來的願望。體育館附近不但有各式攤販還有牽引車展售、兒童遊樂設施，有的全家就在草地上

右上：在身體前後抹上橄欖油
右中：舊時通往伊斯坦堡的火車站，現今為 Trakya 大學

149

主辦單位欽帝額內總算拿下一面金牌

野餐，晚上還有音樂表演，彷彿是嘉年華會。比賽的前一天我先至王宮內的運動場勘察場地，場地中央長滿半人高的草，我以為這些草即將被鏟平，其實不然。

第一天開幕時，本地的和來自其他省分約有一千九百多名參賽者，稱為沛力望（Pehlivan）全部聚集於此，年齡從 11 歲到 45 歲，比賽採淘汰賽制，從低齡開始漸長，60 人先入場排成一橫列後對照點名，再抽籤配對，選手皆裸露上身，下著水牛皮或牛皮製的七分皮褲，褲腳綁帶束口，之後由專人提著油壺在每個人的胸前、後背和褲襠倒橄欖油，然後將油抹勻。

艷陽高照下一組組在草地上搏鬥，有的兩手互相搭在肩膀成拱形狀，像鬥牛似的；有的從後面環抱對手如樹熊蹲坐、疊羅漢狀趴坐，因為塗了油全身滑膩，其實非常不易扳倒對手，但有的很快即分勝負，有的卻纏鬥超過半小時以上，這時比的就是耐力。七月的陽光是會咬人的猛獸，烈日下選手們的汗水不斷地流入眼睛，這時必須暫停裁判提供棉紗讓選手擦拭，救護人員也隨時待命，看台上親友團的啦啦隊指導聲和加油聲不斷，有時親友團向場內丟冰涼的礦泉水，大鼓和木笛組成的樂隊，幾乎沒有中斷地辛苦伴奏。

第二天隨著年齡的增加，場內氣氛也越加凝重，親友團常常犯規越過鐵絲網，因此大會在場地四周加派安警。

第三天的總決賽最是辛苦和精彩，至於如何辨別勝負，看了3天仍是「霧煞煞」，其中最令人動容的是有兩位第一名在歷經辛苦的搏鬥，於得知勝利後幾乎是筋疲力盡的那一剎那，還會高興地奮力在空中連翻兩次觔斗，還有勝利者會攙扶、擁抱、握手失敗的一方。3天的比賽完畢，長草全被夷平，空氣中瀰漫著有香濃的橄欖油味道，冠軍是22K金重1.4公斤的黃金彩帶。

位於郊外的**第二王宮**（Saray-I Cedid）建於1451年，72棟建築一共有117間房、21間會議廳、18間土耳其浴室、5間廚房……等，曾經有

現今仍在挖掘的蘇丹住所大門

造訪欵帝額內必吃的炸牛肝

七位蘇丹在此生活，直到 19 世紀第一次蘇俄入侵，在王宮設置指揮中心並大肆破壞，1878 年蘇俄再次入侵，當時的帕夏為了避免俄軍的擄掠，點燃一場連續 3 天的大火，燒掉改成的軍營和軍械庫，再加上幾次的地震損毀，現今出土遺址不多但挖掘工作仍然持續，目前維修後呈現有土耳其浴室、廚房、蘇丹住所的門，和由喜南於 1561 年所建的 13 公尺四層樓高的**石造最高法院**（Adalet Kasrı），樓頂有個小大理石水池，也曾是帝國內閣會議的地方，傳聞蘇丹蘇雷曼（Süleyman）在此寫下帝國的法典，已經 17 年從未對外開放，2015 年的油脂摔角節特別開放在此舉行**欵帝額內卡利**（Edirnekari）展覽。位於土耳其浴室旁的**巴爾幹戰爭紀念碑**（Sarayiçi Balkan Savaşı Şehitliği）是紀念 1912 至 1913 年巴爾幹戰爭中捍衛家園的 30 萬殉難的軍民，以及 2 萬名在王宮內死守近六個月，最後糧絕餓死的殉難的烈士。

　　這裡最受歡迎的伴手禮是美味的**杏仁糖**（badem ezmesi）、**杏仁餅乾**（bademli kurabiye）**和苦杏餅乾**（acı badem kurabiyesi），苦杏餅乾是我在土國吃過最美味的餅乾了。欵帝額內畜牧業很發達，有種**炸牛肝片**（tava ciğeri）非常特別，就是把牛肝切片後，裹上麵粉以瑟雷斯盛產

152

的葵花子油油炸,裝盤後會配上炸過的紅辣椒,除此還有**烤肉球**(Edirne köftesi)、**烤羊腰子**(böbrek)都很美味,其他的白起司(beyaz peynir),和口味絕對不輸東部喀爾斯(Kars)的察克亞(Trakya peynir)起司,另外那裡的魚餐廳也是我每次回去必定大快朵頤的地方。

這裡曾經是帝國首都近一世紀之久,因此受王宮的影響很深,Ciğer Sarma 是一種受歡迎的宮廷菜,將羊肝切碎和米、洋蔥、香料(有的加細小葡萄乾)做成四方圓形球狀後用烤箱烤熟,這道佳餚一直無緣於這裡品嘗,反而是在其他地方的特色餐廳如願以償。

從前以天然原料製作的**水果香皂**(mis sabunu)原本是蘇丹和後宮特別喜歡用來洗滌清潔,其色彩鮮艷,形狀唯妙唯肖,富含天然果香,同時蘇丹也常拿來當禮物贈人,19世紀時曾是重要的外銷品。如今街上隨處可見,深受觀光客喜愛,價格會因原料而有所差別。現在因為不是完全使用天然香料,所以一般是先作觀賞,等到褪色香味漸失後才拿來當一般洗手用肥皂。

唯妙唯肖的水果香皂

純手工的欸帝額內卡利

欸帝額內卡利（Edirnekari）：在地的藝術風格

　　流行於 14-17 世紀的欸帝額內卡利（Edirnekari）融合了土耳其伊斯蘭藝術，多使用在抽屜、箱子、盒子、門、屋頂……等，這是一種在木頭、卡紙板、皮革上作畫塗漆的藝術，大部分是花朵、樹葉、水果和幾何圖案，卡利不僅是藝術也可使木頭等免於腐爛、褪色和脫皮，它也隨著鄂圖曼帝國的版圖發揚至其他的領地。城內協利密耶清真寺和舊清真寺內有很精彩的欸帝額內卡利圖案，事實上欸帝額內就是卡利起始的發源地，現今欸帝額內仍然延續使用這個最重要的傳統。

　　馬阿阿立夫街上的雙拼老宅邸（İkizevler Konağı Kültür Merkezi）是棟文化傳承中心，有志人士到此學習卡利和水果香皂之外，還有非常特別的蠶蛹拼花製作，克喀披納油脂摔角競賽期間並有多項成果展覽。

杏仁餅乾糖果店：Keçecizade，街上都有分店。
水果香皂：EDMIS，Saraçlar Cad. No:3。Alipaşa Çarşısı No:125。İkizevler Konağı Kültür Merkezi: Maarif Caddesi No: 33 Kaleiçi。

11. 白雪、咖啡、七湖絕景
玻魯（Bolu）

　　玻魯位於伊斯坦堡以東約260公里黑海地區的西部，介於伊斯坦堡和安卡拉兩大城之間，有高速公路聯繫兩地交通非常方便。61%的土地是森林，大部分的綠色森林都是在1000公尺以上的高山上，因此在其轄區內幾乎每一個地方都有山泉和湖泊，是土國境內擁有最多湖泊的省份，這些湖泊的美各有千秋，湖泊的周邊圍繞著茂密的樹林，最適合登山、健行、露營、釣魚……等活動，除此之外因為特殊地質產生的天然溫泉和滑雪中心也聞名於土國。冬天的玻魯天氣像黑海一般經常下雨，所以雨具是出門的必備品。取暖的火爐多使用當地盛產的木材和木炭，空氣中會瀰漫著一股炭燒味，整個天空都是灰濛濛的，很像受到霾害侵襲的情況。

　　冬天在土耳其旅行衣著最好是洋蔥式的穿法，因為室內和地鐵、巴士都有暖氣，防水保暖的鞋子和蓋過膝蓋的保暖大衣最重要。土耳其人似乎在冬天都很容易感冒，大小巴士內永遠都有此起彼落的咳嗽聲，他們不習慣戴口罩也不掩口，聽得令人心顫害怕，我為了自保只好自己戴上口罩，這時聽見有人竊竊私語說我一定是病患，我馬上轉頭說我沒病！是別人生病！遇到嚴重的病人我會提供口罩並且強迫對方戴上，所以最好自備口罩以備不時之需。

　　玻魯古代最早叫做比提尼（Bithynium），西元41至54年羅馬皇帝克羅迪斯（Claudius）人侵後改名為克羅迪坡里斯（Claudiopolis，polis意思是城市），是玻魯最輝煌的時代，如今博物館展出許多當代的出土物，

　　7、8 世紀時不像其他許多的地方受到阿拉伯人的侵襲，14 世紀土耳其人統治時改為玻魯（Bolu），1668 年的大地震玻魯幾乎全毀，市區內古代的遺跡乏善可陳，僅留下六行台階的運動場，運動場建於羅馬哈德連皇帝時期，其餘的清真寺、土耳其浴室都是後來的鄂圖曼時代所建。

　　省城同名也叫玻魯，位於市中心的**大清真寺**（Büyük Camii=Yıldırım Bayezit Camii）建於 1382 年，當時有宗教學校、圖書館、土耳其浴室和商店的複合院，1899 年燬於大火後，清真寺在原地重建，從遺跡判斷清真寺原來應是木造建築，宗教學校和圖書館現已完全不存在，之後又歷經 1944 和 1999 兩次大地震，真可謂多災多難。清真寺旁的**踏旭罕**（Taş Han）建於 1804 年，為石造的兩層樓商場現今仍在使用。

　　玻魯的市區就有 3 間仍在使用且頗具有歷史的土耳其浴室，建於十四世末的**歐它哈漫**（Orta Hamam），現今僅供男士使用。另一間建於 16 世

崖拉（Yayla）典型的黑海木屋

紀的塔巴克拉哈漫（Tabaklar Hamamı），男女分開使用。建於 16 世紀的
蘇丹哈漫（Sultan Hamamı）維修時，我正在旁邊的站牌等公車，好奇心引
起我入內參觀，當天正好舉行媒體招待酒會，讓幸運的我在開放前可以自
由自在的細細參觀照相，浴室內部裝潢講究，使用豪華純手工雕琢的大理
石和木雕，於 2014 年夏天開張後專供女士使用，還有 19 世紀增建的特別
休息的房間給即將成為新嫁娘使用。

　　市中心有兩間舊土耳其浴室維修後改成餐廳、商店和咖啡屋，我喜
歡 Kubbealtı（註1）**的枸日勒瑁**（gözleme）**麵餅配愛蘭**（ayran）**優格飲料，**
Hammam（註2）**的咖啡和附加的玻魯巧克力。玻企**（BOLÇİ）（註3）出產各
式各樣的巧克力，其中內含咖啡豆和橘子（portakal）的口味是我每次必買
的伴手禮。

　　造訪玻魯有一位特別的近代偉人**伊捷特拜沙**（İzzet Baysal），玻魯人

尊敬他如尊敬國父阿塔吐克（Atatürk）一般，並且稱他為「玻魯之父」，1907 年出生於玻魯的拜沙先生是位成功的企業家，也是土國納稅最多的前十名之一。拜沙為回饋家鄉，特別成立基金會專事各項建設，因此以其名命名的有醫院、大學、中學……等等。市政府前的**伊捷特拜沙大街**是市區的主要的廣場街道，是禁行車輛的徒步區，舊時的旅館大都聚集在這裡，生活機能很充足。

多年前有位來自玻魯的朋友大力推薦家鄉的「綠」，於是 20 世紀末我來到玻魯，第一個最想去的是海報上那美麗的**勾柱克湖**（Gölcük），但冬天淡季湖邊旅館沒營業，也沒有公車服務，加上好友大力推薦的**七湖國家公園**（Yedigöller Milli Parkı）也必須自備交通工具，我沒想到如此的不方便，只好放棄了探索計畫，轉往 34 公里外的**阿邦特湖**（Abant Gölü）。

聞名於土國的阿邦特湖位於海拔 1325 公尺的**阿邦特**（Abant Dağları）山上，是山崩滑山形成的地下水山谷湖，松樹林環繞的湖邊僅有 3 家高檔旅館，都受林務局的保護，我在湖邊的旅館過夜，隔天清晨 7 點開始走路健行，繞湖一周 7 公里花了兩小時，整個舖滿白雪的湖區只有我一人，我樂得邊呼吸新鮮空氣邊享受寧靜的氣氛。阿邦特湖不只冬季的結冰雪景吸

引人，夏天也是避暑的勝地。近幾年往山上的途中興建了許多的民宿，我每次上山都會在湖邊的餐廳吃簡餐喝茶，這裡遊湖可乘坐出租馬車或騎馬。十多年來阿邦特湖周邊沒有大興土木增建旅館，所以能夠一直保持著原貌，實屬難能可貴。

　　玻魯境內最方便又容易造訪的除了阿邦特湖就是**勾柱克湖**了，位於南方的勾柱克人工湖離市區僅 13 公里，位於**阿拉山（Aladağ）**上，由松樹和樅樹所圍繞，環湖一周僅 2 公里，最美的是冬季的雪景，彷彿是造物者的傑作，12 年前就是因為看到海報上的圖片才被吸引來到玻魯，但幾次都錯過季節，2015 年 2 月皇天總算不負苦心人，讓我碰上了大雪，湖邊的樹林全都被白雪覆蓋、湖水也結冰，走在環湖路上，不但要注意濕滑的地面以防摔跤，還要注意從高挑的樹枝上突然落下的雪堆，不過雖然如

勾柱克湖的美食與美景

此，如圖畫般的美景仍教人不捨離去，海報上那間美麗的木屋既不是餐廳也不是旅館，原來是閒人勿進的林務局。

近年來市府蓋了幾棟木屋供人留宿，還有一間清真寺，我小心翼翼地走過結冰的大路，和積雪高過膝蓋的小路，到達屋簷邊佈滿冰柱的木屋。一進房間發現暖氣微弱到不行，浴室冷得像冰箱，我不由分說地馬上退房，當我打開大門時屋外的雪堆竟然衝進門內，真無法想像如果下大雪，我一定會被困住。

夏天的湖面有黃色和紅色的蓮花，遊湖邊可租腳踏車和電動車，湖的四周有烤肉架和涼亭、桌椅，我每次都在湖邊的餐廳一邊吃烤鱒魚一邊欣賞永遠看不膩的勾柱克湖。

其實造訪勾柱克湖除了星期六、日有共乘的巴士服務以外，平常也可搭來往於玻魯和往**協班**（Seben）的巴士，告訴司機在路口下車後走不到5分鐘即抵達入口處。2015年夏天還未確定號碼的市公車終於開始服務，真是大大地便民！

從玻魯往南過了溫泉**卡拉加述**（Karacasu）後，巴士開始向上行駛於阿拉山，雪地中高聳的松樹林和結成冰柱的山泉築構出美不勝收的景致；夏天時兩旁高大的松樹林有如無止盡的綠色隧道，車子從低緯度上到高山上又下山到山谷，天氣和植物也跟著變化有如三溫暖，途中**可熱可崖拉**（Kızık yaylası）的典型黑海木造房子吸引我兩次中途下車駐留，觀賞那一棟又一棟沒用半根釘子建造的松木房子。玻魯山上有很多**崖拉**（yayla）**高原**，高原上都有露營地，過了黑海地區最大的**協班湖**（Seben Gölü）後，往山下的地誌有如卡帕多奇亞（Kapadocia），全程約一個鐘頭抵達協班。街上的路牌是可愛的紅蘋果，星期三的市集除了當地聞名的蘋果還有葡萄、番茄和核桃。

協班和**科博熱斯吉克**（Kıbrıscık）在早期基督教時候有許多的居民，有些在山壁上鑿洞居住很像卡帕多奇亞，4、5層的山洞房屋每層都有窗戶，洞穴內陰暗、乾燥和涼爽，因此有些作為儲藏食物的倉庫，內部還有儲水槽。我選擇到協班附近的**首拉克拉**（Solaklar Kaya Evleri）**石屋**探索，在路口下車往山谷行，途經幾戶人家，沒見半個人影，倒是有八隻大狗對我齜牙咧嘴的狂叫，一副準備攻擊我的樣子，害我得戰戰兢兢才抵達山壁附近，但是湍急的河水阻擋了去路，為了安全起見只好打退堂鼓，而又得再次經過那些恐怖的狗群才回到大馬路搭車。

聞名遐邇的卡拉加述溫泉離玻魯市區南方僅5公里，位於阿拉山松樹林山腳下，拜占庭時就已經是重要的溫泉中心，除了旅館還有溫泉復健醫院，連繫的9號市公車發車密集非常方便。屬於4星級飯店的**大土耳其浴室**（büyük hamam）建於近六百年前的鄂圖曼時期，我站在這裡有種時光倒退的感覺，彷彿來到帝國時代似的。浴室有兩個不同溫度的水池，白天也對外開放，一個禮拜供男性使用，隔週則換女性是使用，晚上九點以後僅供飯店房客且男女可以混合使用。另外位於復健醫院旁，一樣有悠久歷史的小土耳其浴室（kücük hamam）則和大浴室錯開男女使用時間，這樣民眾就可天天享受了。小土耳其浴室也有旅館和供家庭較多人的兩層小木屋，小木屋的樓下是廚房、飯廳、泡湯浴室，樓上是臥房。

阿克卡亞（Akkaya Travertenleri）位於玻魯西南10公里往**姆杜額努**（Mudurnu）的路上，被石灰華覆蓋的山丘有「玻魯的棉堡」之稱，這裡不但有溫泉還有尚未開發的鐘乳石洞。2012年才開始建設，現今的石灰華山丘上有一個大的池子叮泡溫泉，微溫的池水適合夏天，還有特別的小池裡有美容的石灰華礦物。

卡塔卡亞滑雪中心（Kartalkaya Kayak Merkezi）位於玻魯南方38公

里，平均積雪 3 公分，海拔 2378 公尺的**闊歐陸山**（Köroğlu Dağları'nın）上，12 月底至 3 月底吸引著愛好滑雪的人士，山上滑雪設備齊全，只是旅館唯有下雪時才營業。

我不會滑雪也沒興趣，所以沒去交通不便且遠的卡塔卡亞滑雪中心，而轉往在**給瑞得**（Gerede）海拔 1800 公尺的阿庫特山的**滑雪中心**（Arkut Dağı Kayak Merkezi），阿庫特山離給瑞得市區僅 5 公里很方便，規模較小，但是 900 公尺的滑雪道比較適合初學者和業餘者，我在旁邊看小朋友玩雪橇玩得不亦樂乎，還真激起我躍躍欲試的念頭。

給瑞得市區的**教堂罕**（Kiliseli Tüccar Hanı）建於 1800 年，從外面牆上的十字可見這棟兩層樓建築曾經是教堂，外觀也像是教堂，進門後發現它很像大雜院。給瑞得位於古絲路，所以這裡曾經是商旅隊的休息站，我在市區用完午餐後，婉謝餐廳老闆的茶，本想來這裡喝杯土耳其咖啡懷舊一番，可是整棟建築未加維護臭氣難聞，只好快速逃離。再次造訪給瑞得時天氣已回暖，街上的積雪開始融化，溶雪和爛泥巴和在一起，整個給瑞得狹窄的市區就像個爛泥巴城似的，和山上的雪白形成強烈的對比！

---

1. 往阿邦特湖（Abant Gölü）的 22 號市公車—07：30、11：00、13：00、15：00、17：00，末班車因季節而更動，回程必須詢問司機，上車處：Merkez Duraklar。
2. 往協班（Seben）的巴士—Bolu: 0374-2157649，Aktaş Mah. Taşhancılar Cad，兩邊對開 07：00、09：00、11：00、13：00、15：00，Seben: 0374-4113167。
3. 往勾柱克湖（Gölcük）市公車—週末 09：00、10：00、11：00、12：00，平日 09:00、11：00，下車時記得問司機回程時間，上車處：Merkez Duraklar。
4. 往卡拉加述（Karacasu）溫泉—9 號公車，上車處：Merkez Duraklar。

註 1 Kubbealtı：0374-2174860　İzzet Baysal Cad. No: 108/A。
註 2 Hammam：0374-2152296　İzzet Baysal Cad. Akbaba Sk. No: 1。
註 3 BOLÇİ Chocolate：0374-2121292　İzzet Baysal Cad. No: 104/B。

梅根（Mengen）

　　2014 年 12 月初我四度來到玻魯準備前往**七湖國家公園**（Yedigöller Milli Parkı），誰知陰錯陽差卻到了**梅根**（Mengen）。下車後問計程車司機如何前往七湖，司機很誠實的回答：應該是從玻魯去比較近，路況也比較好，梅根也沒什麼可看，於是我決定搭下班車回玻魯，在等車時，看到車站旁一家小餐館門口坐著一位穿著頗現代的胖女士，我問她可有賣茶並遞給她從台灣帶來的菸，她很友善地笑說土耳其咖啡好嗎？又自我介紹名叫吳在（Uzay），她是伊斯坦堡人，英文流俐，在梅根有家蘑菇工廠，我們就像老朋友似地從喝茶、咖啡聊得一發不可停，然後我還在店裡吃霸王中飯，因為她不肯收錢，結果我一直待到下午才回玻魯，上七湖的打算就留到下次了，但是很高興認識新朋友吳在。

左：可愛的新朋友吳在於梅根的餐廳　右：土耳其咖啡必備的開水和甜點

梅根以餐飲學校聞名土國，許多大廚都畢業於此，朋友來電問有吃到美食大菜嗎？答案是沒有，因為大廚們都到各地就業去了。

土耳其咖啡很有特色，製作時是先把咖啡豆磨細成麵粉狀，然後放入特殊造型的迷你小鍋，以一比一的比例加水煮，邊煮邊用湯匙攪動，開始滾時表面會有泡沫，用湯匙舀起浮在上面的泡沫油放進如 espresso 的咖啡杯，然後再繼續煮滾，重覆 3 次舀起泡沫油後，再倒入杯中直到看到咖啡渣為止。一般分成不加糖的沙得（sade）、含普通糖分的歐它（orta）、及較甜的雪克里（şekerli），有的商家會另外附上土耳其軟糖羅紐（lokum）或巧克力、手工餅乾，喝到有咖啡渣時即停止。喝完將盤子倒扣在杯子上再反正為杯上盤下，心理邊想問題邊將杯盤繞圈，然後靜置降溫待杯底變涼，算命師可根據杯子拿起的順勢和杯底咖啡渣呈現的圖案動物、鳥禽、或人像……等算命，許完願後將盤子上的液體慢慢倒入杯子後，盤子上的圖案也是命運和願望，最後自己馬上沖洗杯盤。

基本上土耳其人早餐是配茶不是喝土耳其咖啡，現代人喝的是即溶的內市咖啡（nescafe）。客人來訪時如奉上土耳其咖啡就表示重視來客，或者是在美味的餐點之後喝飲用。假如未婚女子煮得一手好咖啡，則被認為將是好媳婦，相親時如果女孩喜歡男子便在他的咖啡中加鹽，為了表示他的真誠男子會毫不猶豫喝下。

七湖國家公園（Yedigöller Milli Park₁）

2015 年 9 月中旬特別回到玻魯，我先到市府辦公室想打聽如何上七湖國家公園，穿著很正式的女副市長在請我坐下後，自己拿著椰棗一邊吃一邊和我講話，後來才請人送棗子至我面前，加上冷漠的態度讓我覺得很

不舒服，她完全無法提供任何資訊，只請人帶我去計程車站。計程車站的人說山路封閉愛莫能助，專程老遠前來頗令人失望也不甘心，走在路上靈機一動前去找艾沆（Ayhan），艾沆是我常光顧的 Gurmet 餐廳的老闆，熱心又英文流利，正好

吸引人們的大湖

前一天有客人下山後光顧他的餐廳，他立刻幫我找計程車朋友，價錢敲定馬上上山。

　　1965 年訂定為國家公園的七湖位於玻魯北方 42 公里，公園內各種不同樹木的森林也孕育了多種的動、植物，湖是山泉隨著地勢從上往下流，分別形成七個大小不同的湖，名字因此而來，七個湖就位在 1.5 公里的距離內。我最喜歡**尹偕湖**（İnce Göl）和**大湖**（Büyük Göl），綠色的尹偕湖面全部鋪滿看似「浮萍」，讓我想起小時候撈浮萍餵鴨、鵝。大湖的面積最大也風景最美，在大湖和得凌湖（Derin Göl）中間有很多的烤肉設備和野餐桌椅，大概是得凌湖旁是停車場，湖面漂浮著人類製造的垃圾，真是煞風景。

　　2015 年 9 月往七湖的山路是有史以來第一次鋪上柏油，未來將會更

便捷，造訪七湖最佳季節是 10 月中至 11 月中的秋天，9 月中只看見少許的綠葉變黃，另一個是春天四月山上的雪融後湖水增多較壯觀。

市府廣場前有個**食物銀行**（Gıda Bankası）的招牌一直引起我的注意，食物銀行屬於玻魯的市政府，從七湖下山後我特別趕在周末前傍晚拜訪經理顧蕾（Güller）女士，她的辦公室前後牆壁上掛著國父和伊捷特拜沙的相片，我們相談甚歡也很欣賞她，顧蕾是包頭巾的穆斯林，但是出國參訪考察時並不包頭巾，是位熱情充滿抱負有教養的女子。

2009 年成立的食物銀行不是只提供物資，還有出借男孩行割禮和男女結婚的禮服，經濟上有困難的可以申請，官方會派人訪查發證明。小超市提供罐頭、米、麵條⋯⋯等等讓人拿回家自己烹煮，省內的工廠固定提供鮮肉，每天早上廚房開始烹煮提供中餐，只要年滿六十歲不論貧富都可以在餐廳內免費進食，這般地照顧人民設施可是第一次看見也令我非常感動。

短短的一天中所接觸的三位人士讓我感觸很深，那位沒教養的副市長連自己市府修山路狀況都不知道，也是當官的顧蕾照顧自己的鄉民，顧蕾和熱心的老百姓艾沆比官階大的副市長更積極推銷自己的家鄉呢。

從市府旁的**霍克銀行**（Halk Bank）旁邊有隧道，直達位於運動場旁邊的果菜市場，不必繞路上上下下，星期一的市集也是在這裡，除了果菜市場大都是村民的自家果菜，市場內有桌椅擺產品和讓村民坐下，不像其他地區只有架子擺東西沒有座椅，顧蕾說這是市府他們在哈薩克考察學來的。

玻魯市郊也有一家位於高速公路旁的 Highway 購物中心，除了免費巴士 14 號市公車也很方便，購物中心有旅館、名牌商店和餐廳。現今巴士總站旁也大興土木建設五星級旅館和大型商場，十多年來玻魯已脫胎換骨改變中，當地居民說因為他們有一位認真的阿拉丁（Alaaddin Yılmaz）好市長！

12. 鄂圖曼時期老房子的故事
姆杜額努（Mudurnu）

20 世紀末的冬天我從玻魯前往 52 公里外的姆杜額努（Mudurnu），目的是探索鄂圖曼時期的老房子，車子翻山越嶺行駛，途中白雪皚皚，景致壯闊迷人。在進入市區前看到有家工廠的門口矗立著一隻很大的公雞雕像，原來這裡是以屠宰雞聞名土國。姆杜額努這個山中老城鎮最早起源自比

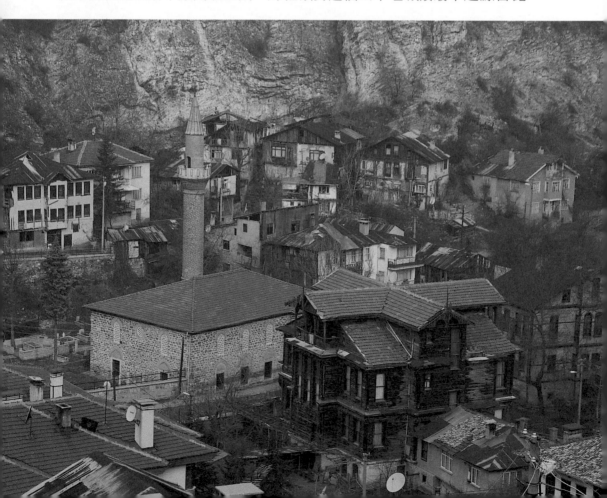

提尼亞（Bithynia），歷經了不同文明的洗禮，獨立戰爭時支援革命軍團（Kuva-yi Milli），當時國父曾經致電報：親愛的姆杜額努同胞，謝謝你們在最艱苦的時候給予軍團的勇氣和支持，令姆杜額努的居民一直引以為傲。

小河將姆杜額努分成高低兩邊，市府附近的市中心現代化水泥建築和希臘式、鄂圖曼式房子交錯並存，**得密額紀勒街**（Demirciler Cad.）上，仍然有傳統的銅、錫、鐵製品和馬鞍等等，除此還有以縫衣針做的蕾絲花邊也聞名，除了放在頭巾還有耳環、手鍊、項鍊⋯⋯等等。

2010 年成立的**玻拉塔夫民俗博物館**（Pertev Naili Boratav Kültürevi）是在一棟希臘式兩層樓老房子中，玻拉塔夫是以前姆杜額努首長的兒子，1916 至 1932 在姆杜額努度過其童年和少年，之後成為著名的民俗學者。位於樓上的博物館陳列著舊書籍、照片、工具、衣物⋯⋯等等，其中女子的洋裝很特別頗有現代感，雖然整體面積不大卻是用心的保存著傳統文化的面向和傳承，館長內吉德（Necdet）邀請我喝茶聊天一邊解釋著這棟樓的來龍去脈，原來從前這房子的地下室可是女子監獄呢！

博物館旁的**白耶茲得清真寺**（Yıldırım Bayezid Camii）建於 1374 年，是鄂圖曼早期的範本，8 年後增建了**土耳其浴室**（Yıldırım Bayezid Hamamı），男士區我是無法進入，但好笑的是女士區並沒有中央石台（Göbek Taş）（註4）只有水龍頭，現今家家戶戶都有自來水誰會來此？難怪空無一人！

我往下走到河邊的**蘇丹蘇雷曼清真寺**（Kanuni Sultan Süleyman Camii），木製天花板和 90 公分厚的石造牆壁建於 1546 年，據說蘇丹不滿清真寺未依照他希望的尺寸，下令上鎖直到 50 年後他去世了才開放，真巧我去的時候也大門深鎖，只能從窗戶略窺其內。

姆杜額努有近 200 間的老房子，現今這些反映歷史文化的老建築應該

都受到保護，但是仔細觀察似乎並沒有被保護得很周全，看著曾經是精美雕刻的門窗和廊柱，如今被棄置如廢墟一般，令人唏噓不已。這些兩層或3層樓的老房子，有些有突出壁外的窗戶和陽台，陽台欄杆、室內的門、置物櫃、屋頂天花板等，都是美麗的鄂圖曼木雕，市中心的**阿穆特丘拉大宅邸**（Armutçular Villa），4層樓的房子內有17間房間和4個客廳，雖然大門深鎖但是觀其大門就可知內部一定精彩無比。

目前有幾棟老宅邸維護後改建成特色旅館：Fuatbeyler Konağı、Hacı Şakirler Konağı、Keyvanlar Konaği、Haci Abdullahlar Konağı，而保存最好最富有原味的應當是位於市郊的哈吉夏克雷（Hacı Şakirler Konağı）大宅邸，如果沒有下榻於此也應前來參觀，建於1842年的3層樓老宅邸如今是各國人士必定造訪的地方。

主人梅瑂特（Mehmet）和妻子法特瑪（Fatma）非常熱情，法特瑪會自製美味的麵食和果醬。他們買下老宅邸後即行維修，但希望房子盡量保持原樣並傳承文化，因此不能因方便而破壞其原貌去添加衛浴設備，所以大家都得共同使用公共浴室。這裡比較有趣的是每天住客都是一起坐在大餐桌上吃早餐，來自不同地方的旅人可以藉此互相交流認識彼此。梅瑂特一一解釋著以前這裡一家人的生活：每個房間都有壁爐可於冬天取暖、燒水，二樓臨街道是長輩的房間，如此可以和路過的親友打招呼，媳婦的房間在後面花園旁，在門後還有另一道門因此隱密性較高，這兩個房間的木刻屋頂至今都是維持原樣，牆壁上置物的木雕也比較精緻，至於女兒的房間就比較一般，因為女兒終究要嫁人。

如果想離開城市與世隔絕，那麼6公里外山中的**得易額門**（Değirmenyeri）**特色旅館**是最佳選擇，五間獨棟木屋建築是來自安卡拉的老闆用雙手一磚一瓦蓋起來的，餐桌上的雞蛋來自自己養的雞，這裡

老宅改建的特色旅館 Hacı Şakirler Konağı

有松鼠會來吃放在窗戶的堅果，有一隻沒事就會說：「親愛的你在哪裡？」又很會嗑葵瓜子的可愛鸚鵡，還有在庭院裡跳來躍去的兔子。每棟木屋都有陽台、客廳還有冬天燒柴火的壁爐，很適合全家留宿以及喜歡大自然的人，老闆娘的烹飪手藝更是絕頂令我折服和想念。

　　曾經都是位於古絲路上的姆杜額努和苟以努克，經濟上是旗鼓相當，但是在保存維修老房子上確有相當大的差異，交通和地理上姆杜額努佔優勢，大部分遊客多來此後，鮮少再繼續前往苟以努克。但現通往伊斯坦堡的路上新開了頗具規模的**沙洛特溫泉**（Sarot Kaplıcası），沙洛特除了度假村還有旅館，讓姆杜額努的旅館業者不斷報怨遊客都轉往沙洛特住宿去了。

　　我特別到離市區僅 3 公里的**巴巴斯溫泉**（Babas Kaplıcası）一遊，可惜設備非常簡陋看似旅館的建築棄置一旁，十多年後還是一樣，真是可惜啊！

　　姆杜額努和苟以努克原本都不是在我的計畫內，沒想到多年後因為**對塔剌克勒**（Taraklı）的失望，意外地舊地重遊並且更加地了解，人生的旅途似乎也是如此。

註 4 土耳其浴室如果是在溫泉區會有溫泉池，一般會有中央石台（Göbek Taş），讓人躺在有熱度的石台上慢慢出汗，然後再到水龍頭旁邊去角質清洗。

在得易額門特色旅館的早餐（經過我的要求減半）

13. 淡季來挖寶
苟以努克（Göynük）

　　2014年1月底我特別參觀了在**伊斯坦堡圖雅**（Tüyap）舉辦的第18屆**東地中海國際觀光旅行博覽會** EMITT（註5），圖雅就像我們的世貿展覽中心，會定期舉行各種國際展覽，這個旅行博覽會除了本國，還有其他國家參與，各省的攤位無不使出渾身解數推銷景點、美食、特產……，如**東部望省**（Van）特別帶來**望貓**（註6），讓無法到遙遠東部的人可一親芳澤；有的將攤位佈置成城牆狀，總之各有各的特色。沒想到意外地在會場碰到一些舊識，又是遞湯又是送食物的令我倍覺溫馨。博覽會不只是展覽觀光、旅館和郵輪，還有附加的周邊產品如毛巾業、塑膠業、保險箱、室內高爾夫練習……等等琳瑯滿目。

　　我在玻魯的攤位上看到有一張**塔剌克勒**（Taraklı）的海報特別引起我的注意，內容是關於塔剌克勒於2013年入選了 EDEN（註7）的名單，並介紹當地有一百間鄂圖曼式老房子和493年前名建築師喜南建造的清真寺，還罕見地印上了市長的手機號碼，寫著他們不但竭誠歡迎遊客也會提供一切協助。我立馬被這種熱情感動加上好奇心驅使，遂決定去探索塔剌克勒。

　　在啟程之前，我打電話給市長詢問如何由西南部北上

搭車？得到的回答竟是他也不清楚，於是我只好自己摸索北上，中途在**庫塔亞**（Kütahya）停留一晚，隔天大清早一站又一站大車轉小車轉了四次，才終於抵達了盼望中的塔剌克勒。

　　基本上我是不願意動用官方的關係，所以當我下車後就自尋落腳處，運氣不錯馬上發現一家老宅邸改建的古典旅館，但是有衛浴的房間必須加價，我反應並建議：我一個人不可能睡兩張床，現在又正值冬天淡季，沒有半個客人，不如給我方便！服務員打電話給伊斯坦堡的老闆報告，聽他講了半天，老闆似乎不同意，我在一旁等著等著開始很不爽，在他們電話沒結束前我打給市長，市長馬上派了咱比踏（zabita，類似警察）到旅館找我，這位男士無視我大包小包的行李，一點都沒有幫我的意思，就逕自一直往前走，一路上走的都是上坡，讓我氣呼吁地才來到一家大門緊鎖的旅館，顯然是在歇業中，經過聯絡老闆特地過來，但是這裡沒有熱水也沒火爐，我只好對這位咱比踏說那我還是回原來的旅館吧，沒想到他回我：那麼妳應該知道如何走回去。說完掉頭就走，讓我一個人杵在那裡。

　　總之我又再拖著大包小包的行李箱往回走，雖然是下坡路，但是在寒風中我頭頂卻是一團火。沿路經過路口一家麵包店，我靈機一動入內詢問老闆娘，很幸運的當天還有最後一班車子往附近的**苟以努克**（Göynük），於是先將行李寄在麵包店後到街上觀光照相。當時小小的山城只有我這個外地人，走著走著倒也愜意。一會兒咱比踏來電說已經和古典旅館交涉好了不用加錢，我沒好氣地回答：「真多謝，但是抱歉我對貴寶地很失望也沒興趣了，等一下就要離開前往苟以努克。」

　　等車時我拿出一盒前一晚打包的飯肉餵街上的流浪狗，但這群狗兒似乎是飢餓已久，顯然填不飽，於是進麵包店又買了幾個麵餅，也是馬上一搶而光，最後我也不知道又買了幾條麵包。根據多年旅行的觀察，從街

阿克軒協汀古典旅館的大客廳

上流浪貓狗的反應就可知道當地居民的愛心文化，屢試不爽。

　　上了巴士，我特地坐在司機後面好詢問苟以努克哪家旅館最好，坐在旁邊的阿姨搶著邀請我住她家，然後另一位女士馬上打電話給在旅館服務的兒子交代要幫忙我，車子在天黑後抵達苟以努克，正當我尚未搞清楚東西南北方向時，司機指著停在巴士後面的車子說，那是旅館特別來接我的車，我很高興地上車，來到市區內最好的**阿克軒協汀古典旅館**（Akşemsettin Konağı），接我的人交給我鑰匙說明細節後就放心地離去了，只留我一人獨自夜宿 3 層樓的老宅邸。

　　旅館依山建築，所以大門是二樓，折騰了一天之後我直接進樓下房間梳洗後即攤平睡著，第二天一大早外出探訪，晚上和老師們一起吃完飯後

也累垮，直到離去前我都是只從房間到大門，真正是只有睡覺而已。隔年我再回茍以努克一日遊，走到旅館發現邊門微開小縫，仗著是老客人我直接進門開始參觀，整棟內部裝潢是典型的鄂圖曼特有的木工雕刻，三樓的大客廳兩面牆壁是有蕾絲花邊的木窗，木窗下是環繞的叫**底旺**（divan）的座椅，地毯上是放食物的大銅盤，我坐在大客廳休息感受大戶人家的氣勢，從進門一直到離開都沒有人出現，由此可見茍以努克的治安是一級棒！

雖然十多年前曾經來此，但只是短短 30 分鐘的驚鴻一瞥，這回我信步來到市府想索取英文簡章，秘書客氣地回說很遺憾只有土文，正當我失望地要離去時，她叫住我說市長想跟我見個面，市長凱末爾（Kemal）簡單介紹茍以努克是以養雞業出名，土國最大的雞肉商是本地人，平均一天宰殺 17 萬隻，除了內銷還有外銷，市長還俏皮地加註有 34 萬隻雞爪，他笑著說中國人喜歡吃雞腳，或許是來自茍以努克。然後他道歉說因為正值選舉必須離開，並幫我找了英語流利的老師和校長，我們徵求他的同意就在市長辦公室一邊喝茶一邊上課，聽他們講茍以努克的故事，市長離開時我特別祝福他競選成功繼續連任，老師們異口同聲說他是位好市長一定會連任的。

茍以努克的歷史歷經比提尼亞、亞歷山大、羅馬和拜占庭帝國統治，史書記載羅馬的行軍路線曾經過茍以努克，現在村莊裏仍有拜占庭時期遺留的教堂，鄂圖曼帝國 14 世紀初蘇雷曼帕夏定居此地並興建**蘇雷曼帕夏清真寺**（Süleymanpaşa Camii）和土耳其浴室，是早期的鄂圖曼建築範本並以他的名字命名。

茍以努克傳統的鄂圖曼式房子始於 20 世紀初，市區內的老房子大都有維修，分佈在唯一的大馬路兩邊的岩石山上，很像聞名於世的番紅花城。土國最重要的一代先師阿克軒協汀（Akşemsettin）在這裡度過晚年，

他的墳墓就位在市區內蘇雷曼帕夏清真寺旁。阿克軒協汀來自敘利亞，是蘇丹法提梅瑚特的老師，先師看天象後告訴法提於 1453 年 5 月 29 日當天攻打伊斯坦堡終結拜占庭帝國，又以手杖指出找到欽於普蘇丹（Eyüp Sultan）的埋葬處，他精通天文和醫學，是科學家也是醫生，治癒羊的傳染病，還有許多醫學方面的書籍傳世。

欽於普是先知穆罕默德的朋友和倡導者，西元七世紀時擔任阿拉伯部隊的指揮官，死於攻打圍城君士坦丁堡期間並被埋葬在郊外，七百多年後蘇丹法提下令蓋其壯麗的墳墓也就是現今伊斯坦堡的欽於普（Eyüp），重要性僅次於麥加、麥地那和耶路撒冷，穆斯林都來此景仰膜拜他們崇敬的欽於普蘇丹。

精通七種語言的蘇丹法提非常崇拜阿克軒協汀，攻下伊斯坦堡後他想棄王位追隨老師，但是被先師回絕並告知帝國需要他的帶領治理，最後法提請求老師留在伊斯坦堡，但是阿克軒協汀認為任務已達成只想隱姓埋名平靜地過餘生，於是搬到安卡拉附近的北杷札惹（Beypararı），因為他的名聲遠近馳名，探望瞻仰的人絡繹不絕，他只想過簡單清靜生活，只好再次遷移，落腳在恬靜的苟以努克度過餘生。現今每年五月的最後一個禮拜週末兩天，都會舉行慶典紀念。

苟以努克除了阿克軒協汀外還有另兩位學者，蘇丹法提一直是我的偶像，當老師和校長們向我敘述這些典故時，我感覺就像先師們在傳道授業解惑一般，也更加崇拜偶像的老師，後來我將這些故事說給土耳其朋友們聽時，他們也是聽得津津有味呢！

註 5 East Mediterranean International Tourism & Travel Exhibition，簡稱 EMITT。
註 6 望貓全身白色毛，有的眼球一邊是琥珀綠、一邊是藍色，有的雙眼是琥珀綠或是藍色。
註 7 European Detinations of Excellence，簡稱 EDEN，成立於 2007 年。

14. 香料與雜貨的天堂
卡得擴以（Kadıköy）

　　伊斯坦堡的卡得擴以位於亞洲（西部也有一個地方同名），從歐洲的舊區欸明歐努（Eminönü）和新區以及馬爾馬拉海的四個島都有固定的交通船行駛，碼頭附近是四通八達的公車總站、往沙必哈（Sabiha Gökçen）機場的巴士、小巴士、共乘計程車、懷舊的有軌電車，上岸後映入眼簾的第一排建築是行駛於全國各地的巴士公司、旅館、餐館、銀行、電信公司……等等，向後延伸是各式各樣商店。

　　首務特路街（Söğütlü Çeşme Cad.）上設有有軌電車，路的右邊是繽紛的漁獲和農產品市場、書店、咖啡屋街、餐館、麵包店、超級市場、亞美尼亞教堂、清真寺……等等，這裡的價格比對面的歐洲便宜，是我從歐洲區搬到亞洲後，回台灣前血拼和大快朵頤的地方。從這裡向後延伸至**阿慎滾度日街**（General Asım Gündüz Cad.），除了各式商店還有特色的古董舊物店（註8），其間的**歐斯曼吉克街**（Osmancık Sk.）附近，是越夜越熱鬧的啤酒街。

　　2013年博斯普魯斯海峽下面的**海底電車**（Marmaray）（註9）通行後，歐亞之間的距離又縮短了許多，現今有許多觀光客也會專程過海來此觀光。

其實我比較喜歡搭船過海，可以欣賞博斯普魯斯海峽和馬爾馬拉海兩岸的風光，但是海底電車比船快收班較晚。這裡還有 T3 懷舊的循環有軌電車至摩達（Moda）。

　　除了血拼外當然還要大啖美食補充體力，市場附近有各地特色餐館都相當有水準，如布爾薩（Bursa）的亞歷山大 K 霸普（Iskender kebap）旋轉烤肉、伊內枸兒（Inegöl）的烤肉球（köfte）、舊城市（Eskişehir）的油炸大水餃（çiğ börek）、卡拉曼馬拉旭（Kahramanmaraş）的羊奶冰淇淋（Maraş dondurma），既賣魚又烹煮的魚餐廳……等等，飽餐後再走到擁擠的咖啡屋街（註 10）喝杯土耳其咖啡，看著來來往往的人們，夕陽西下時坐在碼頭邊，一邊喝茶一邊欣賞對岸蘇丹阿瑁特（SultanAhmet）一字排開的王宮、聖索菲亞和藍色清真寺，想像當時的蘇丹阿瑁特是如何攻下城牆堅固的拜占庭。

　　這裡大部分的商店都有真空包裝的機器，我經常購買的有：

★可納（kına）：天然的指甲花植物染髮用，綠色粉狀加紅茶、咖啡的水調勻，塗在頭髮必須等 5 個小時後再清洗，黑色頭髮還是黑色，只有白色頭髮才會上色呈咖啡色狀，加上少許可納石塊（kına taş）磨成的粉就變成黑色。

★香料：薄荷（nane），百里香（kekik），辣椒粉（pur biber）也有不辣（acısız pur biber），小茴香粉（kimyon）。

★土耳其咖啡：對岸香料市場那家永遠擠滿人的咖啡店在卡得擴以也有分店。

★醃漬橄欖：大小任君選擇，和白煮蛋最搭配，如果覺得太鹹先泡冷水。

★ Tahin Helva 芝麻糖：配麵包或當甜點單吃。

★水果乾：杏桃乾（kuru kayısı）、無花果乾（kuru incir）、椰棗（hurma）、開心果（Antep fıstık）、杏仁（badem）、榛果（fındık）、核桃（ceviz）、向日葵

子（ay çekirdeği）、南瓜子（kabak çekirdeği）、桑葚乾（kuru dut）。除了來自中東麥加和麥地那的椰棗，其他都是全世界最美味的非土耳其莫屬，甜如蜜的水果乾和原味的堅果仁是最佳搭檔，既健康又美味。全世界各地都有榛果、杏仁、核桃，葡萄……等口味的巧克力，只有土耳其有美味的開心果巧克力，在土耳其到處都有這種專賣的乾果商店叫**庫如也蜜旭**（kuru yemiş）。

★蜂巢（petek bal）：法國麵包塗上奶油再抹上連著蜂蜜的蜂巢，是我在台北請客時大家要求必備的。

土耳其的畜牧發達，各種起司（peynir）琳琅滿目，我必買的有：
★**欽日內（Ezine）的白起司（beyaz peynir）**。
★**塞浦路斯的黑林起司（helim peynir）**，除了直接吃還可以煎黃後灑上百里香和辣椒粉。
★**歐顧起司（Örgü Peyniri）**有點鹹，搭配小黃瓜和麵包。
★**喀夏起司（Kaşar Peyniri）**和番茄是最佳拍檔，也可以刨絲撒在披薩或湯上。

　　每次回台灣前必定到乾果店購物，老闆和店員們一邊做生意一邊和我喝茶聊天，大家都喜歡聽我旅行的見聞和趣事，似乎在卡得擴以才是劃下每次旅程的句點。

註 8 古董舊物店：Tellalzade Sok.
註 9 海底電車（Marmaray）：目前通車的站 Kazlıçeşme—Yenikapı（ido 的碼頭）—Sirkeci（歐洲區的火車站）—Üsküdar —Ayrılık Çeşmesi（海底電車的起站，在這裡換 M4 地鐵至卡得擴以）。
註 10 咖啡屋街：Serasker Cadddesi.

❄ 懶人也能做的道地土耳其佳餚 ❄

◆**百里香〈kekik〉雞肉：**
將土雞肉切成塊狀，雞皮朝下平鋪於平底鍋上，灑少許鹽、百里香可用奧力岡取代、辣椒粉（視個人喜好），蓋上鍋蓋後以中火燜煮，等到雞皮變成金黃色，將雞塊翻面，並將鹽、kekik、辣椒粉再灑一次後蓋上鍋蓋煮熟，不用加油和水，雞肉煮熟後的雞汁可拌飯或麵，這道菜可是我打遍江湖人人叫讚喔！

◆**馬鈴薯雞肉：**
將土雞肉切成塊狀，雞皮朝下平鋪於平底鍋上，將片狀的馬鈴薯放在雞塊外圍，灑少許鹽再蓋上鍋蓋，以中火慢煮，等到雞皮變金黃色後，將雞塊和馬鈴薯翻面再灑一次鹽，然後蓋上鍋蓋，等雞肉煮熟後和馬鈴薯換位子，再以小火讓馬鈴薯吸收雞汁。這道菜能讓不吃馬鈴薯的人因為味美而接受，也是最適合生病的人，所以又叫「病人的菜」。

◆**茄子、節瓜和綠色辣椒以純橄欖油油炸過後，淋上原味的優格（也可加蒜泥）。**

◆**簡單生菜沙拉：**
蕃茄（去皮口感較佳）、小黃瓜，淋上特級初榨橄欖油，灑上百里香（奧力岡，吃辣者灑上辣椒粉），以法國麵包沾混合的油和蕃茄，吃起來非常美味。

◆**義大利麵蕃茄醬：**
大蒜切片以特級初榨橄欖油略炒香後，加入以果汁機打碎的新鮮蕃茄，數量要很多，也可加絞肉、胡蘿蔔、洋菇，加蓋煮滾後打開鍋蓋略微收乾湯汁，加百里香和小茴香粉（kimyon）更有異國風味。

◆ **menenmem：**
類似蕃茄炒蛋，洋蔥切細丁先鋪在鍋底（也可加絞肉），然後再鋪上切丁的蕃茄（去皮口感較佳）和綠色辣椒（依個人喜好辣或不辣），淋上特級初榨橄欖油和少許鹽（也可加黑胡椒），加蓋以小火燜煮熟爛後，淋上打散的蛋汁。

◆**五色素菜：**
洋蔥切塊或條狀，再加胡蘿蔔、蕃茄、茄子和綠色辣椒，淋上特級初榨橄欖油、加鹽和1/3高度的水，加蓋後以中火燜煮（葷食者在煮熟前加以鹽和太白粉醃過的雞胸肉片），沒吃完放進冰箱是夏天的開胃菜。

◆**四季豆：**
洋蔥切條狀加特級初榨橄欖油先略炒，再加四季豆翻炒後，加水和調味（可加少許糖）煮熟，冰冷後也是夏天的開胃菜。

◆**土耳其米飯匹烙夫（pilav）：**
一般先將生米用油（可加奶油）略翻炒並同時加適量的鹽之後，再加水（如果米沒先浸泡須加滾的開水），用中火煮開後，再換最小火直到燜煮熟。卡蒂貝講究地先以鹽水煮熟雞肉，再以雞湯代替水來煮飯，最後再將雞肉舖放在米飯上桌。

◆優格：
將牛奶煮沸後等其降溫，手可以忍受鍋子的溫度時先舀一碗鍋中的牛奶，加入市面上的原味優格攪拌均勻再倒入鍋中，稍微攪拌後蓋上蓋子或蓋膠膜，夏天時晚上做，隔天凝固後就可放入冰箱；冬天時放保溫袋加一個暖暖包，可留一碗做下次的菌種，只是一次會比一次酸，我認為優格加香蕉和蜂蜜是最健康又美味的食物。

◆優格飲料──愛蘭（ayran）：
土耳其的國民飲料，優格＋鹽＋冷開水像搖晃奶昔一般，也可使用果汁機。

◆冷優格湯──賈季克（cacık）：
優格＋鹽＋冷開水攪拌均勻，再加切細絲的小黃瓜，灑上乾薄荷草，是炎炎夏日開脾胃的湯品。

◆果醬：
一公斤水果＋一公斤糖（1：1），糖是天然的防腐劑，水果洗淨瀝乾後灑上糖，靜置一段時間出水後以中火開始煮開，煮滾後打開鍋蓋以小火慢煮，等其湯汁慢慢收乾至黏稠狀關火，涼後即可裝瓶放冰箱可保存2年，如果短期內吃完則糖可減量。

❊ 地名中譯對照表 ❊

編按：目前土耳其地名尚無官方中譯版本。網路上的地名中譯良莠不齊，不諳土文的旅行者往往無法直接用來與土耳其當地人溝通，作者也曾身受其害。因此，本書採用貼近土文讀音的中譯法，力求讀者到當地照著念就能講得通。為了同時方便讀者搜尋，茲附本對照表如下：

原文	本書	Google Map
Balıkesir	巴勒克西額	巴勒克西爾
Marmara Adası	馬爾馬拉島	馬爾馬拉島
Erdek	欸額德克	埃爾代克
Bandırma	邦德馬	班德爾馬
Edremit	欸得雷密特	埃德雷米特
Altınoluk	奧特歐陸克	阿爾特諾盧克
Güre	沽瑞	居雷
Burhaniye	卜哈尼耶	布爾漢尼耶
Ayvalık	艾瓦勒克	艾瓦勒克
Edirne	欸帝額內	埃迪爾內
Bolu	玻魯	伯魯
Mudurnu	姆杜額努	穆杜爾努
Göynük	苟以努克	格伊尼克
Kadıköy	卡得擴以	卡德柯伊

❄ 各地食宿資訊 ❄

內文中有★記號者，為古老宅第的建築物維修後改成的旅館、餐廳和咖啡廳。

巴勒克西額（Balıkesir）

Balıkesir 住宿

- Hotel Inanöz: 0266-2414265,Toplu taşıma merkezi(Eski Garaj) Karşısı No: 47。
- Elit Asya Hotel: 0266-2435500, fax:0266-2435710,Akıncılar Mh. Şehit Pamir Cad. No: 25。
- Asya Hotel: 0266-2490018, fax:0266-2394848,Akıncılar Mh. Gazi Bulvarı No: 11。
- hotel marmara: 0266-2494481/2,fax:0266-2494483,Milli Kuvvetler Cad. No:42。
- Hotel Bengi: 0266-2441010,fax:0266-2443030,Milli Kuvvetler Cad. No:46。
- Hotel Yilmaz: 0266-2492993/4, fax:0266-2435996, Milli Kuvvetler Cad.No:33-35/B。
- Hotel ege: 0266-2494910-1, fax:0266-2394141, Milli Kuvvetler Cad. No:51/A。
- Hotel Grand Yilmaz: 0266-2491874, fax:0266-2491880, Milli Kuvvetler Cad。
- Öğretmen Evi: 0266- 2455666/2418663,Anafartalar Karakolu Arkası Koca Saat Üstü, 只有兩間房有衛浴。

Balıkesir 餐廳

- Pişkin Simit: 0266-2414272, Eski Kuyumcular Mh. No:2。
- Yıldız lokantası: 0266-2452211, Eski Kuyumcular Mh. Mekik Sk. No:16。
- Yeni Yıldız: 0266- 2444010, Yıldırım Mh.Paşasaray Sk.No.16。
- Onur Lokantası: 0266-2435771, Yeni Hükümet Cad. No:11。
- Şirin Lokantası: 0266-2412751, Eski Kuyumcular Mh. Salih Tozan Cd. No:14/C。

帕慕克秋（Pamukçu）

Pamukçu 住宿

- Asya Pamukçu Termal: 0266-2571040, fax:0266-2571240。

- Pamukçu Sedefne Otel & Spa Merkezi: 0266-2571006。

比嘎帝去（Bigadiç）

Bigadiç 住宿

- Hera Termal Tatil Köyü: 0266-6261200, fax:0266-6261230,Cevizli Mevkii Çay Kenarı。

Bigadiç 餐廳

- Kardeşler Kasabı: 0266-6141214, Abacı Mh. Atatürk Cad. No:123。

沈德各（Sındırgı）

Sındırgı 住宿

- OBAM Termal Resort Otel & Spa: 0266-5411010, Sındırgı Simav Yolu 17 Km

馬爾馬拉島 (Marmara Adası)

Marmara Adası 住宿

- Sun light Otel: 0266-8855495/99, fax:0266-8855496, Belediye Meydanı。
- Mermer Otel: 0266-8855021,05333486856。
- Mola Butik Hotel: 0266-8855737,05362622824。
- Boncuk Motel: 0266-8855300,05322471692, Aba Mevkii。
- Coral Beach Club: 0266-8855255,05324615282。

Marmara Adası 餐廳

- Birol Restaurant: 0266-8855696, Liman Meydanı, 魚料理和炸淡菜。
- Of’Linin Yeri: 0266-8855202, 魚料理和炸淡菜。

啟納樂村 (Çınarlı Köyü)

Çınarlı Köyü 住宿

- Viking Motel ve Restaurant: 0266-8958087,05422167539, fax:0266-8958024。

砂來拉 (Saraylar)

Saraylar 住宿

- Saray Otel: 05373199356。
- Saffet Otel Pansiyon: 0266-8877568,05326751457, Saraylar Beldesi。

欸額德克 (Erdek)

Erdek 市區住宿
- Mavi İnci Park Otel: 0266-8356206, Yalı Mah. Neyyire Sıtkı Cad. No:5。

Erdek 市區餐廳
- Pilavcı: 0266-8357529, Yalı Mh. Hükümet Cd. No:10/2, 很庶民的湯和米飯簡餐。
- Konya Pide: 0266-8458180, Cumhuriyet Meydanı, 土耳其披薩披得 (pide)。
- Durak İskender: 0266-8455843, Neyire Sıtkı Cad. No:31, 亞歷山大K霸普旋轉烤肉 (iskender kebap)。
- Prestij Restaurant: 0266-8455789/5315, Büyük İskele Meydanı, 魚料理。

Cuğra 海灘住宿
- Hotel Helin: 0266-8356161, fax:0266-8356464, Cuğra Mevkii. Erdek Sahil Şeridi(Rm 302/303/402/403 視野最好)。
- Hotel Yağcı: 0266-8351677, fax:0266-8354914, Halitpaşa Mah. Çuğra Mevkii。
- Acet Otel: 0266-8356572, Sahil Mah. Çuğra Mevkii。
- Atay Otel: 0266-8352500/5540,fax:0266-8455264, Sahil Mah. Ali Haydar Sarı Sahil Bandı No:38。

賈克拉 (Ocaklar)

Ocaklar 住宿
- Çınar apart otel:0266-8475512,05418419200, Sahil Yolu B/Blok No.66。
- Aycan Otel:0266-8475827/5802，05323040148。
- Sena Apart Pansiyon:0266-8475777,05380794900。

邦德馬 (Bandırma)

Bandırma 住宿
- Hotel Eken Prestige: 0266-7147600, fax:0266-7147804, Mehmet Akif Ersoy Cd. No: 7。
- ★Hotel Panderma Port: 0266-7152323, fax:0266-7143555, Paşabayır Mh. M. Akif Ersoy Cd. No: 13。
- Öğretmen Evi: 0266-7122411, Hacı Yusuf Mh.1. Okul Sk.No.13。

Bandırma 餐廳
- Gerçek Tarihi Bandırma İskender: 0266-7121869, Hükümet Cd. No:6(Ziraat Bankası Karşısı), 亞歷山大K霸普旋轉烤肉 (İskender Kebap)。
- Sahil Çiğbörek Mantı Salonu: 0266-7142421, İnönü Cad. No:10, 優格小水餃 (mantı)，油炸大水餃 (çiğ börek)。
- İnegöl et lokantası: 0266-7144444, Cumhuriyet Meydanı No.4/A, 烤肉球 (köfte)。
- Acar Köşe: 0266-7136132, İnönü Cad. No:4/D-6/A(İdo Karşısı), 湯 (Çorba)。

Bandırma 起司店
Kayhan ipek: 0266-7184424,05326885978,İnönü Cd.No.2(IDO iskelesi karşısı)。

苟內 (Gönen)

Gönen 住宿
- Gönen Termal Resort: 0266-7621840, fax: 0266-7620503, Kurtuluş Mah. Banyolar Cad.。
- Semedan Apart Otel: 0266-7725800, fax:0266-7725805, Banyolar Cad. No. 28。

Gönen 餐廳
- Altaş Balıkçılık: 0266-7624731, Şehit Fehmi Ercan Meydanı, 魚料理。

滿亞史 (Manyas)

Manyas 住宿
- Serpin Manyas Kaplıcaları: 0266-8183465/67, Ilıcabaşı Mevkii Kızıl Köy。

欸得雷密特 (Edremit)

Edremit 住宿
- Hotel Zeybek: 0266-3731075/7649, Hürriyet Cad. No:21。
- Bilgiçler Otel:0266-3742255/6,fax:0266-3752257,Menderes Bulvarı No:29。

Edremit 餐廳
- Cumhuriyet Lokantası: 0266-3731076, İnönü Cad No:10。
- Özdemir Restaurant: 0266-3742600, İnönü Cd. No:5。

玻史倘吉（Bostancı）

Bostancı 住宿

- Adramis Termal Hotel: 0266-3761314, fax: 0266-3761397, İzmir Yolu Üzeri Bostancı Köyü Karşısı。
- Entur Termal Otel: 0266-3761370, İzmir Kavşağı。

奧特歐陸克 (Altınoluk)

Altınoluk 住宿

- ★Çesmeli Konak: 0266-3966848/1824, fax:0266-3963450, Köyiçi Mevkii İbrahim Erdim Cad. No:1。
- ★Bacahan Hotel: 0266-3967733, fax:0266-3968883, İskele Mah. Fatih Cad. No: 20。
- Üçem Hotel: 0266-3961388/9, fax:0266-3965530, Barboros Cd. No: 18。
- Akçam Otel: 0266-3951493, fax:0266-3961399, İskele Mah. Akçam Cad.。
- Öğretmen Evi: 0266-3951444, fax:0266-3950202, İskele Mah. Atatürk Cad. 2 Sok. No:23。
- Eren Hotel: 0266-3961713, İskele Mah. Barbaros Cad. No:22。

Altınoluk 餐廳

- Körfez Pide ve Kebap Salonu: 0266-3960648, Mimarsinan Cd. No：14。
- Lezzet Çorbacısı: 0266-3966523, Atatürk Cad. Bolluk İş Hanı No:5/C。
- İnegöl Köftecisi: 0266-3963942。
- Fatma Ana'nın: 0266-3960041, Barbaros Cad. 3. Sk.No：6/B（家常菜）。
- Adabeyi Balıkçılık: 0266-3964049, İskele Mah. Özen Pasajı。

沽瑞 (Güre)

Güre 住宿

- Adrina Termal health & Spa Hotel:0266-3846060, İskele Mah.Orman Kampı Cad. No: 2。
- Afrodit Termal Otel: 0266-3841978/1915, fax:0266-3851937, İskele Mah.。
- Saruhan Thermal Hotel: 0266-3848600/9200, fax:0266-3841187。
- Hattuşa:0266- 3844400, fax:0266-3854400。

卜哈尼耶（Burhaniye）

Burhaniye 餐廳

- Burhaniye Sofrası: 0266-4126867, Hürriyet Cad. No:72。
- EGE Mutfağı: 0266-4127142, Kocacami Mh. Mithatpaşa Cd. Şenturkler iş Mrk. No. 24/ B。（家常菜）
- Ege Balık: 05356129710,İskele Mah. Fabrika Bar Yanı。（魚料理）

Burhaniye 甜點咖啡店

- Gondol Pasta & Cafe: 0266-4120440, Kocacami Mh. Hürriyet Cd. No:19/B。

台勒欸利村（Taylıeli Köyü）

Taylıeli Köyü 住宿

- daidalos butik hotel & restaurant: 0266-4161010, fax:0266-4161080。

歐瑞（Ören）

Ören 住宿

- Otel Keskin: 0266-4161021/2557, fax:0266-4161318
- Artemis Ören Tatil Köyü: 0266-4163776, fax:0266-4163226。
- Hotel Club Fiord: 0266-4165500/3880, fax:0266-4163879。
- Adra Club Tatil Evleri: 0266-4163947,05374569779,獨棟房子有廚具和冰箱。

艾瓦勒克 (Ayvalık)

Ayvalık 住宿

- Aziz Arslan Otel: 0266-3125331, fax:0266-3126888, Belediye Aralığı No:3。
- Sedef Otel: Sakarya Mah. Atatürk Bulv. No:212。
- ★Mercanköşk Boutique Hotel: 0266-3843384,05072146013, Hayrettin Paşa Mah. Barbaros Cad. 16 Sok. No:49。
- ★ege sade otel: 0266-3121060,05382555580, fax:0266-3127011, Barbaros Cad. Hastane Aralığı 7. Sokak Ayazma Killisesi Karşısı。
- ★Macaron Konağı: 0266-3127741,05301102241, 13 Nisan Cad. 18 Sok. No:54。
- ★Butik Otel: 0266-3123355, 05304435400,

fax:0266-3122007,Sakarya Mh.Atatürk bulv.20 Sk. No:1,3,5。

★Sızma Han: 0266-3127700, 05322317251, fax:0266-3125111, Gümrük Cd. 2. Sk. No: 49。

Ayvalık 餐廳

- Mehmet Usta: 0266-3126656,3124718, Talatpaşa Cad. Eski PTT Aralığı。
- Fırat Lokantası: 0266-3121380, Edremit Cad. No:25/A（只有中午營業）。
- Veli Usta'nin Yeri: 0266-3126429, Eski Gümrük Meydanı No:16。

Ayvalık 餅乾店

- Karadeniz Pastaneleri: 0266-3122521,Fevzi Paşa Mh.Gümrük Cd.No:26。
- Güler Tatlıhanesı: 0266-3121593, Talatpaşa Cad. No:45。

恰姆勒克（Çamlık）
Çamlık

- Etap Altınel Çam: 0266-3121515。

君達（Cunda）
Cunda 住宿

- Bıyıklı Beach: 05388855193, Pateriça Mevki 1. köy。
- Deniz Hotel & Restaurant: 0266-3271012, fax:0266-3271872。
- dilmen cunda Oteli:0266-3271598, fax:0266-3273010, 房間落地窗外是沙灘和海。

Cunda 餅乾店

- Karadeniz Pastaneleri: 0266-3271521, Mithat Paşa Cad. No:10。

欵帝額內（Edirne）
Edirne 住宿

- ★Taşodalar Otel: 0284-2123529,05066545129, Selimiye Camii Arkası No:3。
- ★Hotel Rüstempaşa Kervansaray: 0284-2126119, fax:0284-2148522, İki Kapılı Han Cad.No:57。
- ★Edirne Antik Hotel: 0284-2251555, fax:0284-2251556, Maarif Cad. No:6。

★Taş Han Hotel & Cafe: 0284-2143591,05454385896, Çavuşbey Mah. Ağaçpazarı Cad. No:6 (Üç Şerefeli Camii Karşısı)。

★Almeria Otel: 0284-2126035, Alipaşa Ortakapı Cad. No:8.。

- Ottoman Palace Hotel: 0284-2132998, fax:0284-2132978, Babademirtaş Mah. Karanfiloğlu Cad. No: 9。
- Hotel Edirne Palace: 0284-2147474, fax:0284-2129000, Sabuni Mah. Vavlı Cami Sok. No:4。
- Tuna Hotel: 0284-2143340, fax:0284-2143323, Maarif Cad. No: 17。
- Park Hotel: 0284-2254610/1, fax:0284-2254635, Aziziye Cad. No:6。
- Grand Altunhan Hotel: 0284-2132200, fax:0284-2132457, Saraçlar Cad., PTT Yanı。
- Limon Hostel: 0284-2145577,05325514883, Mithatpaşa Mah. Türkocağı Arka Sk. No:14, 有廚房。

Edirne 餐廳

- Aydın Tava Ciğer: 0284-2141046, Tahmis Çarşışı No:12，炸牛肝 (tava ciğer)。
- Niyazi Usta: 0284-2133372, Alipaşa Ortakapı Cad. No:5/2 and No:9, 炸牛肝。
- Serhad Köftecisi: 0284-2130429, Tahmis Meydanı No:10, 烤肉球和烤羊腰子 (böbrek)。
- Edirneli Köfteci Osman: 0284-2142323, Bedestenaltı No:20, 烤肉球 (Köfte)。
- Balıklama Restaurant: 0284-2143019, Çilingirler Cad. Terziler Sk. No:16, 魚料理。

Edirne 超市

- Özar Market Gıda: 0284-2141220，Balıkpazarı Cad. Gürsözlü İşhanı No: 5(東西便宜種類又多)。

玻魯（Bolu）
Bolu 住宿

- Bolu Öğretmen Evi: 0374-2175393/4, fax:0374-2175389, Atatürk Orman Parkı Karşısı
- Hotel Köroğlu: 0374-2125346, fax:0374-2125345, Belediye Meydanı。
- Otel Eratay: 0374-2125701, fax:0374-2154306, İzzet Baysal Cad. No:80。
- Ortaklar Otel: 0374-2128000, fax:0374-2178706,

İzzet Baysal Cad. No:85。
- HighWay Otel: 0374-2501080, fax:0374-2501084, Elmalık Mevkii(市郊購物中心)。

Bolu 餐廳
- Hamsi Tava: 0374-2127857, Yeni Hal Pazarı Yıldızlar, 是魚販也是魚餐廳。
- Bol Aş Lokantası: 0374-2155534, İsmet Paşa Cad. No:42。
- Gurme Et Restaurant: 0374-2101977,05416417775, Tabaklar Mah. Akbaba Sk. No: 6(Tabaklar Hamamı Yanı)。
- ★Mercan-i Restaurant: 0374-2222221, Tabaklar Mah. Özek Sok. No:3。
- ★Kubbealtı: 0374-2174860, İzzet Baysal Cad No:108/A，傳統的 gözleme 麵餅。
- Adiyaman Pide Kebap: 0374-2151484, PTT. Cad. Menekşe Apt. No:13。

Bolu 咖啡屋
- ★Hammam: 0374-2152296, İzzet Baysal Cad. Akbaba Sk. No:1, 老土耳其浴室改的咖啡屋。

卡拉加述（Karacasu）
Karacasu 住宿
- Büyük Kaplıca: 0374-2628472。
- Küçük Kaplıca Tesisleri: 0374-2628477/8, fax:0374-2628476, 除了旅館還有適合家庭的兩層樓木屋。
- Garden termal otel: 0374-2628444,05446301834, Fatih Mh. Ihlamur Sk. No:1/A 2014.11 新開張的獨棟木屋和溫泉池。

阿邦特湖（Abant Gölü）
Abant Gölü 住宿
- Büyük Abant Oteli: 0374-2245033, fax:0374-2245031。
- Taksim International Abant Palace Hotel: 0374-2245012, fax:0374-2245028。
- Abant Kösk Otel: 0374- 2245166, fax:0374-2245165。

七湖國家公園（Yedigöller Milli Parkı）

Yedigöller Milli Parkı 住宿
- Bungalows: 0312-3847325 轉 1313, 向安卡拉的顧婷女士（Ms.Gülten）訂房。

勾柱克湖（Gölcük）
Gölcük 住宿
- Gölcük Bungolov Evler: 0374-2628999,05334239815,05327816974。

Gölcük 餐廳
- Gazelle Restarant Gölcük: 0374-2629095。（預約窗邊的位置）

給瑞得（Gerede）
Gerede 住宿
- ★AB-1 Revan Butik Otel: 0374-3115001, fax:0374-3115002, Kitirler Mah. Belkıs Sk. Sabancı Cd. No:72。
- Hotel Esentepe: 0374-3114080,fax:0374-3114085。

Gerede 餐廳
- Yörem Kebap Salonu: 0374-3113062, Hacı Emin Efendi Cad. No:44。

姆杜額努（Mudurnu）
Mudurnu 住宿
- ★Fuatbeyler Konağı: 0374-4212444/555, Seyrancık Mah.Armutçular Sk. No:1。
- ★Hacı Şakirler Konağı: 0374-4213856,05322813514, Musalla Mh. Semerciler Sk. No:1。
- ★Keyvanlar Konağı: 0374-4213750/1, fax:0374-4213753,Seyrancık Mah.Kardelen Sok. No:3。
- ★Haci Abdullahlar Konağı: 0374-4212284,05352103229, fax：0374-4212512, Seyrancık Mah. Banka Sk. No:5 (Belediye Yanı)。
- Değirmenyeri Dağ Evleri: 0374-4212677,05325860458。

沙洛特溫泉（Sarot Kaplıcası）
- Sarot Termal Park Resort & Spa : 0374-4245005/4500, Ilıca Köyü yolu。

苟以努克（Göynük）

Göynük 住宿

★ Akşemsettinoğlu Konağı: 0374-4516278,05326762639, fax：0374-4516279, Gazi Süleymanpaşa Bulvarı No:15。

★ Caferler Konak & Cafe: 05380802731, G.S.P Bulvarı Benzinlik Arkası。

Göynük 餐廳

• Lalezar Restaurant: 0374- 4512236, Yenice Mahallesi Selim Çapar Caddesi No:9。

• Osmanlı Sofrası: 0374-4512862，Cuma Mah. Aksungur Cad. No:A/1。

• Paşazade Göynük Sofrası: 05345064747。

伊斯坦堡卡得擴以 (Kadıköy)

Kadıköy 住宿

★ İstanbul Life Hotel: 0216-7001020, fax:0216-3369077, Rıhtım Cd. Reşitefendi Sk. No:11。（2015 年 9 月新開張）

• Hotel Nova: 0216-5500351, fax:0216-5500392, Rıhtım Cd. Reşitefendi Sk. No:24。

• Zirve Otel: 0216-4145142/3, fax:0216-4145305, Rıhtım Cd. Reşitefendi Sk. No:38。

• Hotel Grand AS: 0216-3469160, fax:0216-3362929, Nüzhetefendi Sk. No:27/1。

• Bella Otel: 0216-3497373, fax:0216-4494372, Osmanağa Mh. Yoğurtçu Şükrü Sk. No:5。

• Otel Parpali: 0216-3493554/27, fax:0216-3493792, Rıhtım Cd. Yoğurtçu Şükrü Sk. No:3。

Kadıköy 餐廳

• İskender Kebapçı: 0216-3360777, Rıhtım PTT yanı, 亞歷山大 K 霸普旋轉烤肉 (iskender kebap)。

• Çiya: 0216-4185115/3363013，Caferağa Mah. Güneşlibahçe Sok. No:32(一間是燒烤，對街是家常菜)。

• Kadı Nimet Balıkçılık: 0216-3487386/89, Tarihi Balıkçılar Çarşısı Seresker Cad. No:10/A, 魚料理。

• Exspres İnegöl Köftecisi: 0216-3361520, Muvakkithane Cad. No:13/A, 烤肉球 (Köfte)。

• Saray: 0216-3476755/4143192, Rıhtım Cad. No:20。

• Sayla Mantı: 0216-3362675/4490842, Bahariye Cad. Nailbey Sok. No:32, 優格小水餃 (mantı)，油炸大水餃 (çiğ börek)。

• Kokoretto: 0216-3462102, Bahariye, Seresker Cad. No:69/A, 烤羊腸（kokoreç）。

Kadıköy 冰淇淋店

• MADO: 0216-4140909/0400，Rıhtım Cd. No:28/1，用刀叉吃的馬拉旭羊奶冰淇淋（Maraş dondurma）。

Kadıköy 麵包店

• Beyaz Fırın & brasserie: 0216-3491313，Yasa Cd. No:23。

Kadıköy 乾果店

• Derya Kuruyemiş: 0216-3388142,05335712210, Osmanağa Mah. Yağlıkçı İsmail Sk. No:3。

Kadıköy 土耳其咖啡

• Kurukahveci Mehmet Efendi: Söğütlüçeşme Cad. 12。

國家圖書館出版品預行編目資料

土耳其是一種癮 / 周錦瑟文、攝影 -- 初版. -- 臺北市
：皇冠，2016[民105] 面；公分. --
（皇冠叢書；第4541種 Party；79）
ISBN 978-957-33-3227-5

1. 旅遊文學 2. 土耳其

735.19   105005003

皇冠叢書第4541種
PARTY 79

土耳其是一種癮

作　　者—周錦瑟
發 行 人—平雲
出版發行—皇冠文化出版有限公司
　　　　　台北市敦化北路 120 巷 50 號
　　　　　電話◎ 02-27168888
　　　　　郵撥帳號◎ 15261516 號
　　　　　皇冠出版社（香港）有限公司
　　　　　香港上環文咸東街 50 號寶恒商業中心
　　　　　23 樓 2301-3 室
　　　　　電話◎ 2529-1778　傳真◎ 2527-0904

總 編 輯—龔橞甄
責任編輯—賴怡
美術設計—程郁婷
著作完成日期— 2016 年
初版一刷日期— 2016 年 4 月

讀者服務傳真專線◎ 02-27150507
電腦編號◎ 408079
ISBN ◎ 978-957-33-3227-5
Printed in Taiwan
本書定價◎新台幣 350 元 / 港幣 117 元

● 皇冠讀樂網：www.crown.com.tw
● 皇冠Facebook：www.facebook.com/crownbook
● 小王子的編輯夢：crownbook.pixnet.net/blog